A EVOLUÇÃO DA ESCRITA

A EVOLUÇÃO DA ESCRITA
HISTÓRIA ILUSTRADA

CARLOS M.
HORCADES

2ª edição revista e atualizada

Editora Senac Rio – Rio de Janeiro – 2016

A evolução da escrita: história ilustrada © Carlos M. Horcades, 2004.

Direitos desta edição reservados ao Serviço Nacional de Aprendizagem Comercial – Administração Regional do Rio de Janeiro.

Vedada, nos termos da lei, a reprodução total ou parcial deste livro.

SISTEMA FECOMÉRCIO RJ
SENAC RJ

Presidente do Conselho Regional do Senac RJ
Orlando Santos Diniz

Diretor de Negócios do Senac RJ
Marcelo Jose Salles de Almeida

Editora Senac Rio
Rua Pompeu Loureiro, 45/11º andar
Copacabana – Rio de Janeiro
CEP: 22061-000 – RJ
comercial.editora@rj.senac.br
editora@rj.senac.br
www.rj.senac.br/editora

Editora
Karine Fajardo

Produção editorial
Clarisse Paiva
Cláudia Amorim
Gypsi Canetti
Jacqueline Gutierrez
Thaís Pol

Projeto gráfico e editoração eletrônica
Carlos M. Horcades, Guilherme Szpigiel e Alexandre Salomon

Impressão
Coan Indústria Gráfica Ltda.

Reimpressão da 2ª edição revista e atualizada: junho de 2016

CIP-BRASIL. CATALOGAÇÃO NA PUBLICAÇÃO
SINDICATO NACIONAL DOS EDITORES DE LIVROS, RJ

H776e
2. ed.
    Horcades, Carlos M.
        A evolução da escrita : história ilustrada / Carlos M. Horcades. - 2. ed., reimpr. atual. - Rio de Janeiro : Ed. SENAC Rio, 2016.
        152 p. : il. ; 24 cm.
        Apêndice
        Inclui bibliografia
        ISBN 978-85-7756-009-7
        1. Escrita - História. 2. Alfabeto - História. I. Título.

16-33333   CDD: 411.09
                                                       CDU: 003(09)

*"Cada vez que vejo um
erro tipográfico,
penso que algo novo
foi inventado."*

Goethe (1739-1832)

DEDICO ESTE LIVRO A:

PAI E MÃE
(ouro de mina)
NICHOLAS BIDDULPH
(meu grande mestre)
ED BENGUIAT
(amigo e mestre)
BRIAN YATES E FRED PACKER
(mestres e amigos)
ANTONIO HOUAISS
(amigo e guru)

SUMÁRIO

PREFÁCIO	9
AGRADECIMENTOS	10
INTRODUÇÃO	13
1. LETRAS	15
2. A INVENÇÃO DA ESCRITA	16
3. O ALFABETO LATINO	24
4. A IDADE MÉDIA	28
5. A RENASCENÇA	34
5.1 Quem eram os tipógrafos	56
5.2 A dominação francesa	62
5.3 Dürer e os módulos	67
5.4 A letra em chapa de cobre	70
5.5 A tipografia holandesa	71
5.6 A nova letra (preâmbulo)	74
5.7 A letra transicional	79
6. A NOVA LETRA (FINALMENTE)	82
7. O SÉCULO XIX	88
7.1 A Kelmscott Press	92
8. ESTILOS TIPOGRÁFICOS E MESTRES DA TIPOGRAFIA	94
8.1 Art nouveau	94
8.2 O novo grafismo	96
8.3 Dadaísmo	98
8.4 Bauhaus	100
8.5 Art déco	102
9. O GRAFITE	104
10. TIPOS CALIGRÁFICOS	106
11. ALGUMAS INFORMAÇÕES PERTINENTES QUANTO ÀS LETRAS	136
11.1 Letras com serifa	136
11.2 Classificação quanto ao tipo de serifa	137
11.3 A letra sem serifa	138
11.4 Letras fora de classificação	138
11.5 Tipos decorativos	139
11.6 Serifa egípcia	139
11.7 Deformações e correções em letras para vídeo	139
11.8 Legibilidade	140
12. MANCHA GRÁFICA E FORMATO	146
ÍNDICE DE FONTES	149
ÍNDICE ONOMÁSTICO	150
REFERÊNCIAS BIBLIOGRÁFICAS	152

PREFÁCIO

Londres, 1975. Central School of Art and Design. De vez em quando eu passava em frente a uma sala de aula e, olhando pelo vidrinho da porta, via belas letras que eram projetadas em uma tela. Como aluno de mestrado, eu tinha direito a frequentar quaisquer cursos da escola; um dia, pedi licença e entrei. Era uma aula de Typography 1, e o professor se chamava Nicholas Biddulph, um inglês culto e atencioso que se propôs a me ensinar tipografia, já que, apesar de formado na velha e boa Esdi (Escola Superior de Desenho Industrial) do Rio de Janeiro, essa matéria (tipologia) não era lecionada naquele tempo.

De ignorante total passei a interessado fervoroso nas aulas do Nick, que foi o melhor professor de tipologia que conheci. O homem usava dois projetores de slides ao mesmo tempo e conseguia despertar nos alunos interesse e paixão pela tipografia. Meu mestrado passou a ser muito menos importante do que as aulas de tipografia do Nick.

Quando apresentei minha tese e me vi livre daquela "pesada carga", passei mais alguns meses na louca Londres dos anos 1970 me especializando em tipologia, já com a assistência de Nicolete Gray, além de Nicholas Biddulph. Os bons mestres não só me passaram mais e mais conhecimentos de tipologia, como também me cederam seu grande arquivo de imagens que até hoje me acompanha. Voltei para o Brasil em 1977, e em 1978 já dava o primeiro curso na Coordenação Central de Extensão (CCE) da PUC-Rio, Técnica e Estética da Palavra Escrita, que no fundo, no fundo queria dizer: tipologia. Desde 1978 até o ano de 2003, venho desenvolvendo a ideia deste livro. Onde aprendi tipologia? No Central School of Art and Design, de Londres; também no London College of Printing, conversando com Nicholas Biddulph, Nicolete Gray, Anthony Froshaus, Walter Tracy, Herbert Spencer, Al Hill, Fred Packer e o velho Brian Yates, que tantas tardes passou conosco, os "Type Freaks", contando histórias dos velhos tipógrafos, causos e fofocas dos grandes escribas, desmanchando livros antigos para estudar o papel, a encadernação, a capa, enfim, todos os elementos que compõem o universo da letra e, finalmente, conversando com o grande Ed Benguiat, este, amigo novo, que em pouco tempo me ensinou anos de tipografia.

As histórias deste livro flutuam entre o real e o suposto, pois coisas que aconteceram há cem, mil ou cinco mil anos podem ter mudado ou são contadas de várias maneiras diferentes. Eu estou contando só um pedacinho da história. Quanto mais livros eu leio, menos certeza tenho das coisas. Tantos são os fatos, os personagens, as causas, os efeitos. A cada segundo, em vários lugares do mundo, acontece algo relacionado à tipografia. Tem acontecido há milhares de anos.

AGRADECIMENTOS

Guilherme Szpigiel, Léo Visconti,
Isabel Thees, Ricardo Leite,
Aline Malheiro, Denis Policani,
Aldemar d'Abreu Pereira,
Ricardo Nauenberg,
Pojucan, Fernanda Martins,
José Mindlin, Rosane Fonseca,
Fabio Darci, Eduardo Denne,
Bruno Vianna, Karin Schneider,
Natalia Leibovitch, Silmara Mansur,
Marcos Pires de Campos,
Ricardo Oliveira, Carlos Alberto Rabaça,
Wlademir A. de Araujo, Luís Antonio Segadas,
José Antonio Passos, Henrique Pires e
Maria Helena H. Machado
a ajuda, o incentivo e a inspiração.

INTRODUÇÃO

Quando comecei a escrever esta "história", despertei para o fato de que os criadores da letra e impressores eram as pessoas que mais se destacavam na sociedade no seu tempo, nivelando-se em importância ao clero e à nobreza. Só da letra seria pouco falar. A experiência de vida desses artistas da antiguidade nos dá uma visão clara e transparente do que foi o homem, a sociedade, a estética e a evolução da inteligência.

Resolvi contar mais da vida dos tipógrafos impressores da Antiguidade. Assim, as novas gerações de designers poderão saber que nossos precursores formaram uma casta de pessoas tão especiais que um livro sobre suas vidas já seria por si só interessante.

Por essa razão, este livro é um pouco diferente de tantos bons livros escritos anteriormente sobre a história da tipografia. Não vamos falar só da letra, vamos falar da vida dos tipógrafos, da importância do designer criativo do passado, do orgulho que uma nobre estirpe de homens carregava, homens esses responsáveis pela criação da forma mais eficiente de comunicação já inventada. Homens que conseguiram conjugar com perfeição o pensamento técnico com a sensibilidade artística.

Quando os portugueses cá chegaram em 1500, nós éramos simples índios que andavam nus e enfeitados com penas, enquanto na Europa já havia até universidades. Até a chegada de Dom João VI ao Brasil em 1808, as gráficas eram evitadas. Não interessava aos colonizadores que o nosso povo aprendesse a ler e, por conseguinte, a pensar. Por tudo isso, constatamos que o Brasil não tem tradição nas artes da letra e da impressão. Por isso, este livro torna-se mais útil, pois traz conhecimento fundamental do passado ao leitor deste país novo. Fica mais fácil criar o futuro quando se conhece bem o passado.

Este livro vai ajudar, espero, os amigos da língua portuguesa a se iniciarem nas artes da letra, a conhecerem pessoas muito raras no curso da história, criadores de algumas das mais belas obras que, para nossa sorte, ainda estão vivas entre nós. E melhor ainda. Podemos usá-las como quisermos em todos os tamanhos, cores e humores.

Quero também ter a humildade de confessar que tudo que aprendi em tipografia é nada se comparado ao que sabem os grandes estudiosos da letra, como Aldus Manutius, Robert Granjon, Bodoni e, mais recentemente, Eric Gill, Stanley Morison, Nicolete Gray, Nicholas Biddulph, Herbert Spencer e tantos outros mestres.

1. LETRAS

Letras são como abelhas. Uma abelha sozinha é apenas um inseto irracional. Mas, se observarmos uma colmeia com seu funcionamento extremamente complexo, com operárias, soldados, babás, faxineiras, zangões e rainha, veremos que esses insetos primitivos desempenham funções bem determinadas. A abelha não tem inteligência individual, mas a colmeia é dotada de inteligência coletiva.

Isso acontece também com as letras. Uma letra sozinha não vale nada. Mas letras juntas formam palavras, e palavras são pensamento.

Mas o que são letras? As letras devem ser diferentes entre si, pois se todas fossem "as" e "bês" não seria possível ler.

Letras também devem ser parecidas; todas as letras de um alfabeto devem apresentar o mesmo estilo e grafismo. Por isso, chamamos alfabetos de famílias.

Mas não nos esqueçamos da função primordial da letra: informar.

Uma letra sem leiturabilidade ou legibilidade é como um borrão no papel; não significa nada. As letras juntas formam alfabetos e registram as ideias. Uma letra deve dar conforto ao leitor, ou seja, deve ser lida com facilidade e ao mesmo tempo ter estética agradável. É o casamento da técnica com a estética celebrado pela inteligência humana.

Os velhos artistas da letra eram possuidores dos dois talentos. Conhecimento técnico de processos gráficos, fabricação de papéis, tintas, ligas de metais, prensas, e conhecimento de arte, sensibilidade para formas, concordâncias, harmonia e equilíbrio.

Eram pessoas muito especiais. E é dessas pessoas especiais que este livro vai falar. Enquanto isso, ao estudarmos a letra, vamos ver que todos os estilos inventados pelo homem – classicismo, gótico, renascentismo, modernismo, construtivismo etc. – trazem consigo letras que conservam as mesmas características culturais e estilísticas dos estilos a que pertencem.

Mas o que são letras em última instância? As letras são o cavalo que transporta a inteligência. As letras são a maior invenção do homem, o que o diferenciou definitivamente dos homens das cavernas.

Hieróglifos (original do autor).

2. A INVENÇÃO DA ESCRITA

Uma das maiores realizações do homem na Terra é a invenção da escrita. Sabemos hoje que os primeiros hominídeos datam de cerca de cinco milhões de anos. Mas o homem permaneceu quase tão primitivo como na pré-história por praticamente esses mesmos cinco milhões de anos até pelo menos dez mil anos atrás. Naquela época, os agrupamentos humanos começaram a crescer mais e mais e, com tanta gente nas vilas, foi preciso organizar a sociedade. Só a palavra falada já não era suficiente. Então o homem inventou a escrita.

A escrita possibilitou o acúmulo de conhecimento humano. Antes dela, tudo o que um homem aprendia durante sua vida morria com ele. Depois da invenção da escrita, o conhecimento passou a se acumular e a não se perder; assim, ao nascer, o homem tem a seu dispor toda a experiência e as descobertas de seus antecessores.

Não vamos considerar escritas os desenhos rupestres das cavernas pré-históricas. Tais desenhos eram manifestações artísticas e mais emocionais do que o ato racional de criar sinais que representem ideias quando associados, originando então os alfabetos.

As plaquetas de barro do templo da cidade de Uruk, feitas aproximadamente seis mil anos atrás, com listas de cereais e cabeças de gado, são as formas de escrita mais antigas encontradas. Naquela época, também existiam outras escritas, em geral pictográficas, com imagens figurativas simbolizando palavras. Havia também uma escrita cuneiforme dos sumérios feita com cunhas de diferentes formas, que eram pressionadas sobre barro mole. Essa escrita, que, presume-se, evoluiu da pictográfica suméria, foi adotada posteriormente pelos babilônios, as-

Escrita cuneiforme (séc. XXX-XX a.C.).

Escrita pictográfica suméria (séc. XI a.C.).

Escrita assíria (705-681 a.C.).

Escrita cuneiforme assíria (séc. XXX-XX a.C.).

A Pedra de Roseta foi um marco na história do entendimento da escrita hieroglífica. Continha o mesmo texto em três escritas: hieroglífica, demótica (uma escrita mais rápida, também utilizada pelos egípcios) e grega. O pesquisador francês Champollion conseguiu decifrá-la comparando os três textos por analogia ao notar que os nomes dos nobres eram circundados por uma linha. Chamava--se "encapsular uma palavra".

sírios, elamitas e hititas. Os alfabetos cuneiformes tinham um grande número de sinais (em torno de 1.500) para representar sílabas e palavras, e algumas vezes misturavam também pictogramas.

A escrita pictográfica utiliza pictogramas ou ilustrações. Ex.: o desenho de um cavalo significa cavalo.

Ex.: 🐎 = cavalo

A escrita fonética, a nossa escrita, utiliza símbolos que representam sons. Esses sons são analisados pela mente humana e seu significado é decodificado. Ex.: O som da palavra cavalo significa o animal.

Ex.:

A escrita ideográfica, usada pelos orientais, utiliza símbolos que representam ideias. A associação de duas ideias produz uma terceira e assim sucessivamente.

Ex.:   dia   +   agora   =   hoje

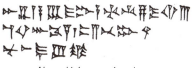
Abecedário aproximado.

Escrita cuneiforme.

Disco de Phaistos (séc. XVII a.C.).

Escrita hieroglífica egípcia (original do autor).

Escrita pictográfica hitita.

Escritas pictográficas de Creta e Micenas.

Hieróglifo 1500 a.C.
hieros = sagrado
glifos = entalhado

Hierático 1300 a.C.
hierático = do clero

Demótico 400-100 a.C.
demótico = do povo

    Os egípcios também desenvolveram sua escrita pictográfica, a hieroglífica, que era pintada em papiro ou gravada em relevo em materiais duros ou em barro mole. Hieróglifo, em grego, significa gravar textos sagrados. Os pictogramas egípcios podiam representar sílabas, letras e até palavras.

    Havia três escritas egípcias. Os hieróglifos, usados pelos nobres, escribas e religiosos, eram repletos de pictogramas e difíceis de se "desenhar". A escrita hierática, mais usada pelos religiosos, tinha desenho mais simples e alguns caracteres fonéticos. A escrita demótica, mais popular, mais fonética e de desenho mais simples, tinha uso generalizado.

    Os hititas, na Anatólia, também usavam alfabetos pictográficos ao mesmo tempo que utilizavam a escrita cuneiforme. Os alfabetos, nessa época, tinham um número imenso de caracteres, em geral difíceis de escrever, o que restringia a leitura e a escrita a um número muito pequeno de pessoas, em sua maioria nobres, sacerdotes ou escribas. Aos nobres e aos sacerdotes, a escrita era fundamental para manter seus nomes e doutrinas gravados; e aos escribas, pelo amor à profissão e porque, afinal, esse era o seu ofício. Em 2000 a.C., aproximadamente, havia quatro escritas mais importantes no Oriente Médio: a escrita pictográfica dos hititas, os hieróglifos, uma escrita de Micenas e a cuneiforme dos sumérios.

Fenício (lido da direita para a esquerda).
(tradução aproximada nas letras pequenas)

Inscrição protocanaanita ou protossinaítica
(Serabit el-Khadem).

Grego.

Surge então, na região da Terra de Canaã, atual Palestina, um alfabeto razoavelmente simples, com 25 ou 30 caracteres combinando elementos dos quatro principais: cuneiforme sumério, pictográfico hitita, escrita de Micenas e hieróglifos egípcios. Escrevia-se da direita para a esquerda, da esquerda para a direita e em bustrofédon (ziguezague). Esse alfabeto é chamado de protocanaanita e data de 1500 a.C.

Em 1000 a.C., o alfabeto protocanaanita sofre transformações e é reduzido para 22 caracteres, assumindo características de simplicidade e construção dos alfabetos modernos. Desse momento em diante, passa a chamar-se alfabeto fenício.

Os fenícios, povo mercador e navegador, abarrotavam seus navios com todo tipo de mercadorias e saíam pelo mundo trocando e vendendo bens. Uma das "mercadorias" deixadas para outros povos foi o seu alfabeto, que desembarcou na Grécia, onde foi absorvido e transformado no grego arcaico.

EXEMPLOS DO DESENVOLVIMENTO DE ALGUMAS LETRAS LATINAS:

	HEBREU	א
A	ÁRABE	I
	GREGO	A
	LATIM	A

A letra A desenvolveu-se de um ancestral comum, que apareceu em inscrições protossinaíticas de mais ou menos 1500 a.C., desenhada como uma cabeça de boi, (⌒) cujo nome era provavelmente *alp*. *Alp* é uma palavra canaanita que corresponde ao hebreu *aluf*, que quer dizer boi. A forma da letra mudou com o tempo. Na segunda metade do segundo milênio a.C., podem ser observadas as seguintes mudanças:

Mais ou menos no ano 1000 a.C., a forma do fenício clássico já tinha evoluído para (⌒ ⋈ ⊔). Quando os gregos aprenderam o alfabeto protocanaanita, a posição do *alef* ainda não havia sido estabilizada. Nas inscrições arcaicas dos séculos XVIII a.C. e XVII a.C. é possível encontrar três rotações para alfa. Uma é semelhante ao fenício *alef*, (⊄ ⊬ A) e as outras estão em posições diferentes como ⊻ ou A.
A última forma foi aceita por todos e copiada pelos romanos.

	HEBREU	ה
H	ÁRABE	ح
	GREGO	H
	LATIM	H

A letra H desenvolveu-se com base no pictograma protocanaanita de uma cerca, feito em duas posições, (≡ ⋈). Mais tarde, as inscrições protocanaanitas tinham o *het* com a forma de um retângulo seccionado ao meio. Essa forma se desenvolveu do grego arcaico para H, sendo também adotada para o latim. Os usos das letras variam de acordo com a língua, mas aqui nós estamos acompanhando apenas a evolução gráfica das letras e não a fonética.

HEBREU ע
ÁRABE ع
GREGO ⊙
LATIM O

    A letra O desenvolveu-se da representação pictográfica de um olho na escrita protocananita (⊙).

    Em hebreu, a palavra para olho é a mesma para a letra O, *ayin*. A pupila do olho foi preservada em algumas inscrições protocananitas até o século XII a.C. Às vezes, no grego arcaico, omícron era usado com um ponto no meio. É difícil acreditar em outra corrente para a qual esse ponto no centro era a marca feita pela ponta de um compasso.

A letra U também foi introduzida para se diferenciar o V vogal do V consoante.

A letra W foi introduzida no século XI em razão da necessidade de registro sonoro das línguas germânicas.

J A letra J foi introduzida na Idade Média para diferenciar a letra I consoante da I vogal.

Grego arcaico em bustrofédon.

Romana (Forum 6-7 a.C.) – letras compostas em ziguezague ou bustrofédon. O alfabeto latino aparece em 700 a.C. sob a influência do grego arcaico.

Via Appia.

Via Appia.

Templo de Antonino, Roma (141 d.C.).

Via Appia – a letra "Q" romana, ainda sob a influência do grego. Nota-se que a letra é um círculo perfeito e de apenas uma espessura. Aos poucos, as letras foram ganhando partes grossas e finas, e as letras "Q" ficaram ovaladas.

Arco de Constantino, Roma (315 d.C.).

Capitalis Romana — Coluna Trajana.

3. O ALFABETO LATINO

O alfabeto latino não usava todos os caracteres do arcaico grego porque não havia necessidade de todos eles. Nas mudanças de uma língua para outra, às vezes inventam-se símbolos correspondentes a sons estranhos às línguas de origem, ou eliminam-se caracteres desnecessários. O alfabeto grego arcaico tinha 27 letras, usava 22 letras do original semítico e 5 letras acrescidas pelos gregos para satisfazer às suas necessidades.

Em 700 a.C., o alfabeto latino aparece. Descendente direto do grego arcaico, ainda era escrito da direita para a esquerda, da esquerda para a direita e em bustrofédon (ziguezague).

Os romanos, no ano 100 d.C., tinham quatro escritas em uso. A primeira, Capitalis Romana ou Capitalis Monumentalis, era uma letra monumental. Bem espacejada, era utilizada na arquitetura em fachadas, prédios e monumentos, combinando com os contornos arquitetônicos e com as formas quadranguladas. O melhor exemplo da Capitalis Romana é a letra da Coluna Trajana (114 d.C.) em Roma. Essa letra é considerada em todo o mundo o gabarito estético para as letras romanas no que diz respeito às suas proporções altura/largura, curvas, serifas e espessuras. Quando se diz que uma letra tem proporções clássicas, significa que ela segue as relações da Capitalis Romana, que só existia em caixa-alta.

As letras eram primeiramente pintadas na pedra com um pincel de ponta reta nas partes superiores e inferiores e depois entalhadas. Não havia espacejamento entre palavras nem letras em caixa-baixa.

Capitalis Monumentalis (acima) e Rústica Romana.   Quadrata (acima) e Cursiva Romana.

A segunda letra utilizada pelos romanos, de desenho imponente, era usada para livros públicos, documentos importantes, em situações mais formais e se chamava Quadrata. Sua escrita era lenta e trabalhosa, não havia espaçamento entre palavras, e a barra transversa da letra A não existia ainda, assim como as letras em caixa-baixa. Todas as letras tinham a mesma altura. Ainda não havia elementos ascendentes e descendentes. Elementos ascendentes e descendentes são partes das letras que ultrapassam as linhas-limite das letras em caixa-baixa, como a parte superior do "d" ou a perna do "g".

A terceira letra chamava-se Rústica Romana e era usada mais informalmente. Nota-se que também não havia espaçamento entre palavras, a barra transversa da letra A inexiste e aparecem os primeiros elementos ascendentes e descendentes, apesar de as letras em caixa-baixa ainda não existirem. Essa letra era pintada com pincel, com serifas grandes dando peso visual ao texto. A cidade de Pompeia nos apresenta numerosos exemplos de rústicas pintadas nas paredes e muros com avisos, sinalização e reclames, que foram preservadas pelas cinzas do Vesúvio.

A quarta letra é a Cursiva Romana, usada no dia a dia e escrita com pena de ponta fina. Nessa letra há elementos ascendentes e descendentes em profusão. A Cursiva Romana, ao contrário das outras usadas em Roma, era predominantemente composta de letras minúsculas. Seu estilo também variava muito, pois como era uma letra manuscrita, dependendo do calígrafo, ela era mais ou menos inclinada e suas ascendentes poderiam ser maiores ou menores.

Meia Uncial (St. Hillary de Trinity) ano 509 (acima) e Uncial (Homero Ambrosiano) ano 314.

Um Quarto Uncial e Uncial (Probus Vet. Urbinatus) ano 1154 (acima) e Uncial (Livro de Kells).

A partir de 500 d.C., começa a aparecer a letra Uncial ou Insular, que vem do Norte da Europa, Inglaterra e Irlanda. Sua forma é arredondada, com serifas bem desenhadas, e seu traçado é elegante e cheio de ritmo, unindo estética agradável e legibilidade. As unciais eram também mais rápidas para se escrever. O nome Uncial vem da Úncia, uma moeda romana de forma circular. Veem-se ascendentes e descendentes em profusão e predominância das minúsculas.

O livro de Kells, feito por monges na Irlanda, no século VIII, foi escrito em Uncial de raro e elegante desenho. As serifas triangulares eram acrescentadas às letras depois de escritas. Esse livro, que ainda existe no Museu de Trinity College, em Dublin, é considerado o livro mais belo de sua época, não só por sua letra, mas também por todo tipo de letras capitulares, decorações e iluminuras. Iluminuras são as ilustrações dos livros da época, e capitulares são as grandes letras decoradas que eram utilizadas para abrir parágrafos ou capítulos.

As letras usadas no texto têm extrema beleza e são originalmente alinhadas por cima e irregulares na sua base, ao contrário das demais. As serifas eram acrescentadas depois das letras prontas. As unciais são classificadas em Meia Uncial, com mais ascendentes e descendentes, Um Quarto de Uncial e Uncial, de acordo com o informalismo que apresentam.

Minúscula Carolíngia.

As letras minúsculas finalmente aparecem no século VIII, quando Carlos Magno, cujo reinado cobria quase toda a Europa e partes da África, encomendou ao bispo de York, o anglo-saxão Alcuin, grande escriba, o desenho de uma letra que tivesse fluidez e legibilidade, além de uma estética agradável. Essa seria a letra oficial para todos os escritos do seu reinado.

A fabricação de um livro era considerada a grande obra de um rei, já que a impressão ainda não tinha sido inventada e os livros eram peças únicas. Naquele tempo, a equipe de produção de um livro envolvia copistas, pesquisadores, tradutores e iluministas. Desde o papel, passando pela encadernação, tintas e ferramentas, tudo era fabricado nos ateliês dos escribas. Os caríssimos livros produzidos eram conquistas comparadas às cruzadas e outros feitos. O resultado foi a Minúscula Carolíngia (Carolus Magnus), talvez o primeiro trabalho de identidade visual encomendado na história das artes gráficas feito nos mesmos moldes das identidades visuais de hoje – todo um sistema gráfico foi planejado, letra, mancha e um controle rigoroso no desenho da letra manuscrita. Esse sistema facilita a datação dos documentos da era de Carlos Magno nos nossos dias.

A unificação das escritas no reino de Carlos Magno teve como objetivo uma interpretação uniforme da *Bíblia*, mas, na realidade, criou uma das mais belas letras escritas que o homem já viu.

4. A IDADE MÉDIA

A procura por livros menores e portáteis fez com que a largura das letras diminuísse de modo gradual. Acredita-se que a ideia de se produzirem livros menores em tamanho partiu da necessidade de a Igreja fazer bíblias portáteis para uma melhor difusão da doutrina católica. A perfeição dessas bíblias, com sua letra manuscrita, é o ponto alto dos livros medievais. A letra gótica aparece, então, com seu desenho solene e severo, trazendo todo o formalismo da Idade Média.

Nascida originalmente na França, a Gótica ou Letra Preta (black letter) espalha-se pela Europa, e em cada localidade assume características regionais. Assim, há diferenças básicas entre a Gótica francesa (Textura), a alemã (Fraktur) e as italianas e espanholas, arredondadas à maneira latina, também chamadas de Rotundas. Havia também a Gótica Bastarda, uma letra menos formal e mais cursiva.

A arte mais importante da Idade Média foi a arquitetura gótica, cujo apogeu foi por volta do ano 1200 d.C. A arquitetura gótica chamava a atenção pelo tamanho monumental de suas construções, em geral catedrais imensas, que eram o centro do poder da época. As torres terminavam em agulhas e as janelas eram estreitas, exatamente como as letras góticas, que terminavam também em pontas e têm seus buracos interiores estreitos. Havia também esculturas de pedra em profusão que combinavam com a arquitetura. Os vitrais davam o toque final nas construções e foram um dos pontos altos na arquitetura gótica.

A posição do homem no mundo também era diferente. A vida do homem era mais importante após a morte do que durante a vida propriamente dita. Tudo isso se reflete na letra solene, escura e severa como a Inquisição.

Catedral gótica.

Gótica.

VARIAÇÕES DA LETRA GÓTICA

Letra Bastarda.

Textura Kacheloten (1495), Leipzig.

Nurenberg Fraktur.

Schwabacher.

Rotunda espanhola.

Rotunda Berthelet.

Letra Preta francesa.

Rotunda do Sul da Itália.

Rotunda.

MAPA DA EVOLUÇÃO DAS ESCRITAS OCIDENTAIS

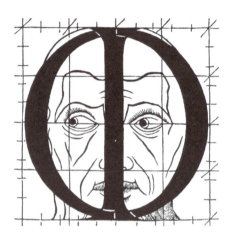

Champ Fleury — Geoffroy Tory.

5. A RENASCENÇA

O século XV traz a Renascença, talvez o momento mais fértil e criativo da existência humana. Com as descobertas de outras terras, expansões coloniais e consequente enriquecimento da sociedade, os ganhos das classes altas e da nobreza possibilitaram o aparecimento de uma nova classe média que servia a elas e vivia com os excedentes de riqueza ganhos. O homem reavaliou seu papel no mundo e abandonou a servidão da Idade Média, para se valorizar e repensar a sociedade com todos os outros valores, como moral, estética, arte, filosofia e religião. Se durante a Idade Média a vida do homem era menos importante do que a sua morte, na Renascença o papel do homem no mundo recebeu maior destaque.

A maior personalidade da Renascença foi, sem sombra de dúvida, Leonardo da Vinci (1452-1519). Conhecido como o melhor desenhista da humanidade, Leonardo inventou toda sorte de equipamentos, muitos dos quais ainda não podiam ser fabricados por falta de tecnologia na época; veículos, armas de guerra, aquedutos, sistemas hidráulicos e pontes. Além disso, foi chefe de cozinha, escritor, pensador e participava de quase todas as atividades criativas do mundo renascentista. Não podemos deixar de falar em Mona Lisa, o quadro mais conhecido dos mundos antigo e moderno. Há registros de outros empreendimentos de Leonardo, como um restaurante que abriu em sociedade com o pintor Sandro Botticelli, para o qual foi criado o primeiro *menu* esteticamente agradável, assim como pratos que não eram só saborosos, mas também bem apresentados.

Leonardo da Vinci costumava escrever ao contrário: com as letras invertidas e da direita para a esquerda. Naquele tempo, suas invenções valiam muito e não podiam ser reveladas. Havia também o perigo de se escrever alguma coisa que fosse contra a doutrina católica, o medo do braço pesado da Santa Inquisição. Para ler a escrita de Leonardo, utiliza-se um espelho.

Damianus Moyllus: 1483

Luca Pacioli: 1509

Sigismondo Fanti: 1514

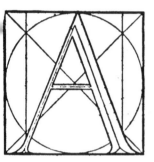
Felice Feliciano: 1480

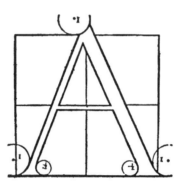
Francesco Torniello: 1517

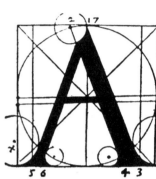
Giovam Baptista Verini: 1526

Na tipologia, os artistas da letra desenvolveram tipos mais arredondados, com visual mais leve e mais legíveis, e usou-se mais o espacejamento entre as palavras. Pela primeira vez fizeram-se alfabetos completos, com a caixa-alta combinando com a caixa-baixa, todas dentro do mesmo estilo. As maiúsculas foram resgatadas do século I em Roma (Capitalis Romana) e as minúsculas, inspiradas na Minúscula Carolíngia, erroneamente datada do século I e não de sua época real, a do reinado de Carlos Magno, no século VIII. Diz-se por isso que as letras em caixa-alta são filhas da arquitetura, por terem sido usadas primeiro como complemento das fachadas romanas, trazendo todas as simetrias, equivalências e proporcionalidades da arquitetura clássica. Quanto às letras em caixa-baixa, são filhas da mão humana, mais precisamente do bispo Alcuin, da cidade de York, que foi quem primeiro as desenvolveu a mando de Carlos Magno.

As novas letras da Renascença coincidem também com a introdução da perspectiva nos desenhos, o descobrimento da luz e da sombra na pintura e a invenção do domo pelo arquiteto Filippo Bruneleschi, na igreja conhecida por Il Duomo, em Florença, na Itália, que transformou a arquitetura, tornando os novos espaços mais claros e amplos, com vãos maiores, janelas mais largas e muita luz entrando e clareando os ambientes. Como consequência, a letra da Renascença era mais espaçosa e legível, como os ambientes da nova arquitetura. A página dessa época difere muito da página gótica, escura e triste como a Inquisição, a miséria e a barbárie da Idade Média.

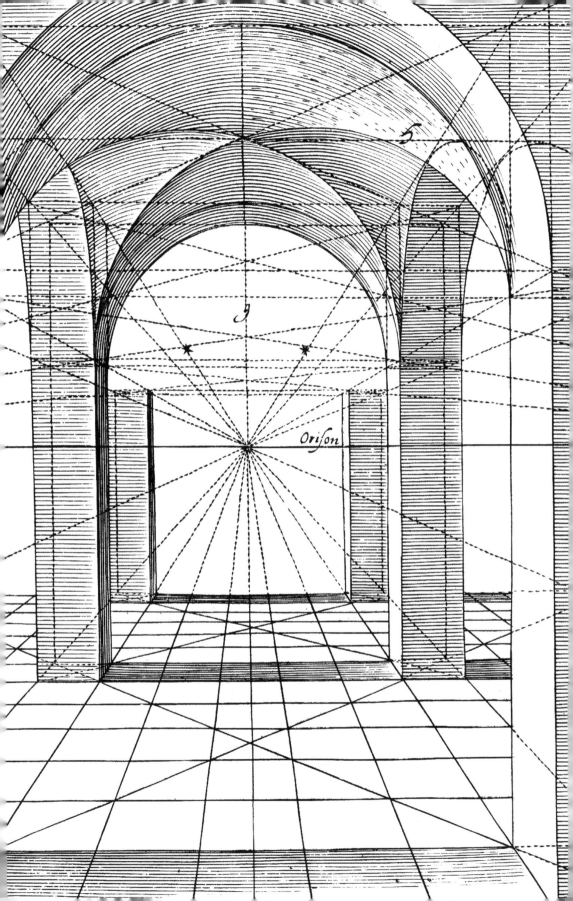

Árabe do Oriente.

Árabe do Ocidente.

Números hindus.

Árabe ocidental.

Ghobar, árabe oriental.

Europa – século XI.

Europa – números mais recentes.

Claude Garamond.

    Os primeiros números ou algarismos inventados pelos romanos eram de difícil manejo e utilização. Sabemos que os árabes sempre foram, entre outras coisas, bons matemáticos e geometristas, e seus algarismos arábicos revelaram-se os melhores algarismos já inventados pelo homem, sendo hoje adotados por todas as civilizações do mundo. Sua origem mais remota remete à Índia, mas cabe aos árabes o mérito de tê-los aperfeiçoado e difundido por todo o mundo. A invasão dos mouros à Europa trouxe também a sua escrita.

    Com a volta dos árabes à África, alguns nichos de sua cultura ficaram na Europa. Os números trazidos pelos árabes, com o tempo, sofreram transformações, e foi desses números transformados pelos árabes radicados na Europa que os nossos algarismos arábicos descenderam, a partir do século XI.

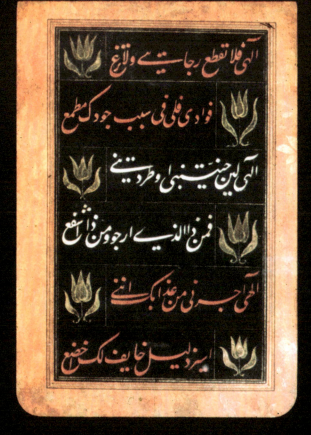

Prato Nishapur (séculos IX e X).

Sírio (século XVII).

As primeiras inscrições árabes datam de 512 d.C. e em 622 d.C. começa a Hégira, a era muçulmana, quando Maomé abandona Meca e vai para Medina. A caligrafia no mundo árabe é uma arte admirada e valorizada. Não é permitido representar o rosto de Deus nos seus escritos, o que faz com que a decoração na escrita árabe seja um elemento fundamental para iluminar os escritos, monumentos e templos. Dela vêm os arabescos, elementos decorativos presentes em grande quantidade no mundo do Islã. No século XX, os calígrafos ainda tinham grande presença no mundo da escrita. Até as manchetes de jornais eram feitas por calígrafos, que, com a introdução dos modernos métodos de composição de caracteres, perderam a importância e estão em franca extinção.

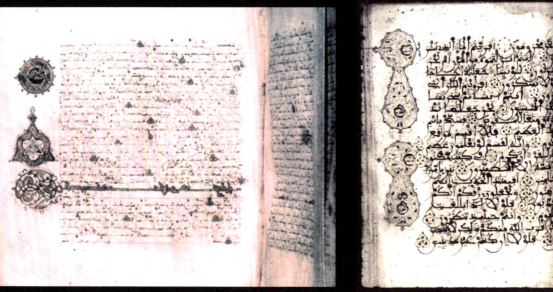

Por não ser permitido estampar os rostos de Maomé ou de Deus, toda a energia criativa dos escribas era despejada nas letras, ao contrário das bíblias romanas, que diluíam a importância da letra em belas iluminuras e outros ornamentos.

Aplicação de letras em materiais diferentes do papel. As primeiras letras eram provavelmente tinta preta sobre um suporte claro de pergaminho ou fibras. À medida que a letra foi sendo difundida, seus usos passaram para tantos outros materiais e, dependendo da textura ou da trama do suporte, a forma da letra pode variar sobremaneira. Na página ao lado, letras em ferro fundido.

Letras em tecido.

Letras bordadas e pintadas em porcelanas.

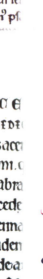
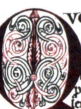

Præfacio

Lucas sirus natoe antiochensis arte medic? discipulus apostoloru: postea paulu secut? usq; ad confessionē ei? seruiens dno sine crimine. nam neq; vxorem vnqz habuit neq; filios: septuaginta et quatuor annoru obijt in bithinia. plen? spiritu sancto. Qui cu iam scripta essent euāgelia · p matheu quidē in iudea · p marcu aut in italia: sancto instigante spiritu in achaie partibz hc scripsit euāgeliū: significans etiā ipe in principio ante sua alia esse descripta. Cui extra ea q̃ ordo euāgelice dispositionis expoſcit · ea maxime necessitas laboris fuit: ut primū grecis fidelibz omni ꝓphetatione venturi in carnē dei cristi manifestata humanitate ne iudaicis fabulis attenti: in solo legis desiderio tenerētur · uel ne hereticis fabulis et stultis solicitationibus seducti exciderent a veritate elaboraret: dehīc ut in principio euāgelij iohānis natiuitate presumpta · cui euangelium scriberet et in quo elect? scriberet indicaret: cōtestās in se cōpleta esse · q̃ essent ab alijs inchoata. Cui ideo post baptismū filij dei a perfectione generationis ī cristo impleterōgānte a principio natiuitatis humane potestas pmissa ē: ut requirentibus demonstraret in quo aprehendēs erat per nathan filiū dauid introitu recurrentis ī deū generationis admisso · indisparabilis dī pdicās in hominibus cristu suū · pfecti opus hoīs redire in se p filiū faceret: qui per dauid patrē venientibus iter pbebat in cristo. Cui luce nō immerito etiā scribēdoru actuū apostolorū potestas ī ministerio datur: ut deo in deū pleno et filio pditionis extincto · oratione ab apostolis facta · sorte dnī electionis numero cōplereturꝫ sicq; paulus cōsummatione apostolicis actibz daret · quē dn̄s cōtra stimulū recalcitrantē dn̄s elegisset. Quod et legentibus ac requirentibus deū · et si per singula expediri a nobis vtile fuerat: scientes tamē q̃ operantem agricolā oportet de suis fructibus edere · vitauim? publicā curiositatem: ne nō tā volentibus dn̄m dēmōstrare viderem̄· qua fastidiētibus prodidisse.

Explicit p̄facio. Incipit euāgelium secundum lucam: Proemium p̄sins beati luce in euangelium suum.

Quoniā quidē multi conati sunt ordinare narrationes q̃ in nobis complete sunt reru: sicut tradiderunt nobis qui ab initio ipi viderūt · et ministri fuerunt ſmonis · visū ē et michi assecuto oīa a pn̄cipio diligēter ex ordie tibi scribere optime theophile: ut cognoscas eorū verbor̃ de qbz eruditꝰ es veritatē. [I.]

Fuit in diebus herodis regis iudee sacerdos quidam nomine zacharias de vice abia · et vxor illi de filiabus aaron: et nomen eius elizabeth. Erant autem iusti ambo ante deum: incedentes in omnibus mandatis et iustificationibus domini sine querela. Et non erat illis filius · eo q̃ esset elizabeth sterilis: et ambo processissent ī diebz suis. Factū est aut cū sacerdotio fungeretur zacharias in ordine vicis sue ante deū: scdm cōsuetudinem sacerdotij sorte exijt ut incensum poneret ingressus in templū domini. Et omnis multitudo populi erat orās foris hora incensi. Apparuit autem illi angelus dn̄i: stans a dextris altaris

página ao lado: Bíblia de 42 linhas de Gutenberg.

O Catholicon, *de Balbus, de 1460, livro impresso por Gutenberg já se distanciando da Gótica e se aproximando dos tipos humanistas da Renascença. Possivelmente entalhado por Peter Schoeffer.*

Gutenberg

A maior figura da Renascença, nas artes da letra, foi sem dúvida Johannes Gutenberg. Considerado um ourives de alto nível, Gutenberg, ou Johann Gensfleisch zur Laden, chamado de Gutenberg por causa da casa em que a família morava, nasceu na Mogúncia (atual Mainz), talvez entre 1394 e 1399. Filho de Friele Gensfleisch zur Laden zum Gutenberg, um associado do bispo na fundição da igreja, desde pequeno teve contato com os metais e seus segredos.

Há menções de atividades relacionadas a experiências com os tipos móveis e metais com promessas de sigilo e multas, caso essas experiências fossem reveladas a outros. Isso aconteceu em 1439, na cidade de Estrasburgo, França, onde Gutenberg residiu até voltar para a Alemanha em 1444, quando seu ateliê de Estrasburgo foi destruído pelos bárbaros. Na Mogúncia, em 1445, por fim imprimiu a *Bíblia de 42 linhas*, provavelmente na gráfica que montou com os oitocentos ducados emprestados por Johann Fust e que se chamava Das Werk der Buchei (Fábrica de Tipos). Considerado o primeiro livro impresso no mundo, a *Bíblia* de Gutenberg é composta em Textura, uma Gótica muito em moda naquela época e que foi ainda usada na Alemanha por alguns séculos. Tem duas colunas de 42 linhas. É provável que tenham sido impressas 150 bíblias em papel e trinta em pergaminho durante três anos. A tinta gráfica era uma mistura de óleo de linhaça com negro-de-fumo. Alguns detalhes, como ilustrações e capitulares, eram acrescentados à mão após a impressão do texto. As ilustrações e cores, manufaturadas, valorizavam os livros e eram feitas por mulheres e crianças, a mão de obra mais barata.

Havia, por parte dos possuidores de livros, preconceito contra livros impressos em detrimento dos livros manuscritos. Em algumas cidades, os poderosos

Entalhe da punção.

Fundição de tipos.

Impressão.

Encadernação.

"A morte visita uma oficina de tipografia" – representação artística do clima de instabilidade e desordem que predominava na Alemanha, nos primórdios da impressão, fazendo com que os impressores fugissem aos poucos para a Itália. As caveiras representam a morte.

escribas e calígrafos proibiam a entrada dos impressores, já que as cidades eram cercadas por muros e guardadas por portões.

A gráfica de Gutenberg estava em franca produção, mas a genialidade que o iluminou com a invenção da imprensa não lhe deu habilidade para lidar com as finanças. Em 1455, Johann Fust o processou para cobrar o empréstimo que Gutenberg havia tomado para montar a gráfica e não pagara. Conforme determinação da corte, a gráfica passou para as mãos de Fust, que continuou produzindo com a ajuda de Peter Schoeffer, provável responsável por entalhar os tipos inventados por Gutenberg.

Em 1460, o livro *Catholicon,* de Balbus, foi impresso pela gráfica de Gutenberg já usando um tipo mais arredondado e legível com melhor espaçamento e mais parecido com os livros modernos, distanciando-se do formalismo da Idade Média. Atribui-se a Gutenberg a criação dessa nova fonte e o entalhe, a seu sócio, Peter Schoeffer, morto em 1503.

Gutenberg, pobre e desamparado, ainda conseguiu que um capitalista da época, Dr. Conrad Humery, financiasse uma nova gráfica e, em fevereiro de 1468, aos 70 anos, Gutenberg morreu até certo ponto pobre e esquecido.

Os tipógrafos, na realidade, começaram na Alemanha, onde havia muitos problemas de instabilidade no trabalho, como brigas, invasões e desordens, situações incompatíveis com a calma que um ateliê tipográfico deve ter. Aos poucos, os tipógrafos foram se mudando para a Itália, onde mais precisamente nos conventos encontravam paz e proteção indispensáveis e, em troca, editavam obras sacras fundamentais para a divulgação da religião católica. A Igreja naquela época era mais poderosa do que os reis e, com os tipógrafos por perto, o controle sobre tudo o que era impresso podia ser ainda maior.

Eclaraui ut opinor animam non esse solubilem.superest citare testes quox autoritate argumēta firmenē. Neqȝ nūc,pphetas m̄ testimoim uocabo.quox ratio et diuinatio m̄ hoc solo posita est: ut ad cultum dei et ad imortalitatē ab eo accipiendā creari hommē doceant. sed eos pocius qbus istos qui respuūt ueritatē credere sit necesse. Hermes naturam describēs ut doceret q̄admodum esset a deo factus hęc ītulit. και αυτο εξ εκατε-
ρων φυσεων της τε αθανατον και της θνητης μιαν εποι
ει φυσιν ανθρωπον αυτον πη μεν αθανατον πη δε
θνητον ποιησας και τουτον φερων εν μεσω θειας και
αθανατου φυσεως και της θνητης και ευμεταβλητου
ιδρυσεν ινα ορων απαντα απαντα καιθαυμαση. Id est.Et idem ex utraqȝ natura mortali et immortali unam faciebat naturam hōis: eundem m̄ aliquo qdem imortalem m̄ aliquo autē mortalē faciens: et hunc ferens m̄ medio diuinę et immortalis naturę, et mortalis mutabilisqȝ constituit, ut omnia uidens omnia miretū. Sed hunc fortasse aliquis m̄ numero philosophox computet. q̄uis m̄ deos relatus Mercurii nomine abęgiptiis honoretū. nec plus ei autoritatis tribuat: q̄ Platoni aut Pictagore. Maius igitū testimoniū reqramus.Polites qdam consuluit Appollinem Milesium: utrū ne maneat anima post mortem an resoluatū. Respondit his uersibus
†υχη μεν μεχρις ου δεσμοις προς σωμα κρατειται φ.
θαρτα μοουσα παθη θνηταις αλγιδοσιν εικει ηνικα δια
ραλυσιν βροτενη μετα σωμα καφανθεν ωκιστην ευρη
ται ες αιθερα πασα φορειται αιεν αγηραος ους μεν ει δει
σπαμπαρατηρης πρωτογονος γαρ τον το θεον διεταξε
προνοια. Id ē passiōes sentiēs mortalibus cedit doloribus.Cū uero solutōem hūanā post corpus muenieū: facile abiens a terra nūq̄ senescit. Aia qdē quo ad uinculis corporeis tenetū corruptibiles passiōes sentiēs. mortalibus cedit doloribus. Cum uero humanā solutionem uelocissimā post corruptū corpus muenerit: omnis e terra ferū: nūq̄ senescens, et manet m̄ eternū sine pęna. Primogenita eteni hoc diuina disposuit prudētia. Quid carmia sibillina ? Nōne ita eē declarant: cū fore aliquādo denūciant: ut a deo de niuis ac mortuis iudiceū ? quox exempla post ī̄feremus.Falsa est igr̄ Democriti et Epicuri sententia et dicearchi de animi dissolutione.q̄ pfecto nō auderēt de iteritu aiarū mago aliquo pręsente disserere: q̄ sciret certis carminibus ciere ab inferis animas: & adesse et prebere se humanis oculis uidendas: et loqui & futura p̄dicere. Et si auderent: re ipa et documentis presentibus

Conrad Sweinheim e Arnold Pannartz. Página do livro Opera de Lucius Coelius Firmianus Lactantius, o primeiro impresso na Itália datado (1465).

Sed plane ípleſti remeanſ pie uictor olympi.
Tartera preſſa iacent. nec ſua iura tenent.
Inferuſ inſaturabiliter caua guttura pádenſ
Qui raperet ſemper: fit tua preda deuſ.
Eripiſ innumerú populú de carcere mortiſ.
Et ſequitur liber quo ſuuſ auctor abiſ.
Euomit abſorptam pauide fera belua plebē.
Et de fauce lupi ſubtrahit agnuſ oueſ.
Hinc tumulú repetēſ poſt tartara carne reſúpta.
Belliger ad celoſ ampla tropbea referſ.
Quoſ babuit penale chaoſ: iam reddidit iſte:

Um dos primeiros livros impressos na Itália por Conrad Sweinheim e Arnold Pannartz que utilizavam as letras romanas da Renascença.

Os reis e a Igreja foram os grandes incentivadores da criação de livros. Para os reis era importante ter seu nome registrado e documentado para que seus descendentes continuassem no poder. À Igreja interessava também que suas doutrinas e fundamentos ficassem impressos e servissem como lastro para a prática religiosa.

Formaram-se, então, nos mosteiros e nos conventos verdadeiras linhas de montagem dos primeiros livros, com copistas, tradutores, escritores, calígrafos, iluministas, encadernadores, cortadores de matrizes, fundidores, papeleiros e impressores. Graças ao interesse da Igreja pelos livros, a impressão foi difundida com tanta rapidez. No final do ano 2000, Gutenberg foi escolhido o homem do milênio (1000 a 2000 d.C.) pela imprensa da Europa, tão importante que foi seu invento para a cultura humana.

Presume-se que os gráficos Conrad Sweinheim e Arnold Pannartz foram os primeiros alemães a abrir uma gráfica na Itália, no Convento de Subiaco, por volta de 1464. Seu primeiro livro foi impresso em Gótica, muito usada na Alemanha, mas considerada fora de moda na Itália, berço das letras humanistas, e não foi bem recebido pelo público. A aprovação veio com o segundo livro impresso pela dupla, este em letra Romana.

CHABRIADIS VITA.

HABRIAS ATHENIENSIS HIC quoq; in summis habitus é ducibus: resq; multas memoria dignas gessit. Sed ex his eluc& maxime inuentum eius i prœlio quod apud thebas fecit: cum boetiis subsidio ueniss&. Nanq; in ea uictoria fidentem summum ducem Agesilaum fugatis iam ab eo côducticiis cateruis reliquâ phalangê loco uetuit cedere: obnixoq; genu scuto piectaq; hasta impetum excipere hostium docuit. Id nouû Agesilaus intuens progredi nô est ausus : suosq; iam incurrentes tuba reuocauit. Hoc usq; eo græcia fama celebratû é : ut illo statu Chabrias sibi statuâ fieri uoluerit: quæ publice ei ab atheniésibus in foro côstituta est. Ex quo factum é ut postea Athletæ cæteriq; artifices his statibus statuis ponendis uterentur cû uictoriâ essent adepti. Chabrias autem multa in europa bella administrauit. Cum dux atheniésiû ess& : in ægypto sua spôte gessit. Nâ Nepte/ nabum adiutum profectus regnum ei constituit. Fecit idé cypri: sed publice ab atheniésibus Euagoræ adiutor datus : neq; prius inde discessit q̃ totam insulam bello deuinceret. Qua ex re athenienses magnam gloriâ sunt adepti. Interim bellû inter ægyptios & persas côflatû é:

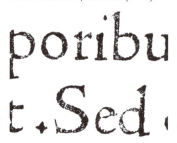

Nicholas Jenson/Eusebius (1470).

Nicholas Jenson.

Nicholas Jenson/Eusebius (1470).

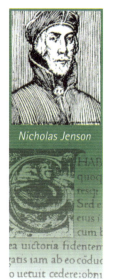

Em 1470, o primeiro alfabeto romano completo foi desenhado por Nicholas Jenson, um francês nascido em Sommevoire, Albe, e radicado em Veneza. Jenson era um excelente entalhador, gravador artístico e mestre da Casa da Moeda da cidade de Tours.

O Rei da França, Carlos VII, ouviu falar do invento de Gutenberg e, sabendo da habilidade de Jenson com as artes da fundição e da gravação, rapidamente o enviou a Mogúncia para aprender os segredos da impressão. Quando Jenson retornou à França três anos depois, Carlos VII já tinha sido substituído por seu filho, que não se mostrou interessado pelas artes da impressão, e Jenson partiu para Veneza à procura de novas oportunidades. Jenson trabalhou três anos no ateliê de Gutenberg antes de ir para Veneza.

Tendo começado com uma pequena oficina de impressão, Jenson logo se transformou em um homem rico e fez história. A família de tipos criada por Jenson é muito elegante. Pela primeira vez, a caixa-baixa foi criada com as serifas combinando com as serifas de caixa-alta. Essas letras também são conhecidas como Venezianas. Seu desenho influenciou as criações de Griffo, Garamond e Aldus, cujas letras são também conhecidas como Garaldas e, mais tarde, em 1724, o famoso Caslon Old Face, desenhado por William Caslon, na Inglaterra. O ponto mais fácil de reconhecimento da letra de Nicholas Jenson, que se intitulava Nicholas Jenson, o Francês, é a barra transversal da letra E (caixa-baixa), que é oblíqua e não horizontal. Outro ponto importante são as serifas superiores da letra M

Aldus Manutius, Veneza (1501).

Aldus/Hypnerotomachia (1499).   *Griffo/de Aetna (1495).*

Marca de Aldus Manutius.

(caixa-alta), que são viradas para dentro. O redesenho mais famoso da letra de Jenson chama-se Centaur, mas há outras versões chamadas Jenson Old Style, de 1893; Mazarim, de 1895; Kelmscott, de 1897; Cloister Old Style, de Morris Fuller Benton; e muitas outras.

Algumas das versões modernas da letra de Jenson afastaram-se da família original, e a sua brilhante versão para *display* combina com quase todos os alfabetos.

Aldus Manutius (1449-1515) foi o grande impressor dos intelectuais da Renascença. Extremamente rigoroso com seu trabalho, Aldus nasceu em Bassiano de Sermonetta, no Lazio, e morou em Roma, onde conheceu professores e intelectuais que direcionaram seu caminho para a cultura por toda a sua vida. Aldus aprendeu os fundamentos na gráfica criada por Nicholas Jenson e que então pertencia a Andrea Torresani. Foi o primeiro dos grandes mestres e impressores da história da tipologia. Começando em 1495, sua maior ambição era editar os grandes autores clássicos. Entre 1501 e 1515, lançou uma coletânea de livros gregos em latim em formato de bolso. Publicou as obras completas de Platão e Aristóteles e obras isoladas de Eurípedes, Aristófanes, Hesíodo, Heródoto, Teócrito etc. O grande inspirador de Aldus foi Erasmo de Roterdã, um dos maiores estudiosos da cultura grega na Renascença. Se Aldus não tivesse editado e difundido os clássicos gregos, que são a base do pensamento ocidental, talvez o Ocidente fosse muito diferente do que é hoje. Os conceitos de ética, estética, moral, democracia e tantos outros são herança da cultura grega e deve-se a Aldus o seu resgate dos livros manuscritos gregos para a cultura ocidental. A primeira aparição de uma itálica dá-se nos livros de Aldus.

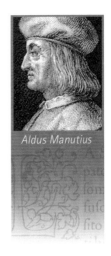

Aldus Manutius

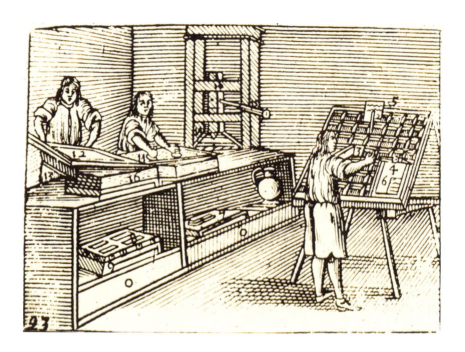

Marca de Geoffroy Tory, por Robert Estienne, Paris.

5.1 Quem eram os tipógrafos

A arte da impressão envolvia uma série de conhecimentos diferentes: mecânica para as prensas, fundição para as ligas, fabricação de papéis, formulação das tintas, técnicas de encadernação, conhecimentos de diagramação, arte, além de muita cultura, e conhecimento de outras línguas e escritas. Por tudo isso, os impressores, calígrafos e escribas eram pessoas muito especiais e de grande importância na sociedade europeia. Constituíam uma elite de intelectuais que trabalhavam com as tecnologias mais modernas da época e não paravam de inventar máquinas, materiais e processos de fabricação. Mas também eram mestres da estética, pois o desenho das letras exige vastos conhecimentos de arte, desenho, geometria e estética. Para finalizar, nossos heróis eram pessoas de grande cultura, pois falavam, escreviam e criavam letras em várias línguas e escritas, não raro idiomas extintos. Por tudo isso, muitas vezes até as leis eram "adulteradas" em benefício dos artistas da letra.

A história de Francesco Griffo é um exemplo da importância dos tipógrafos na sociedade renascentista. Conta-se que Griffo desapareceu de circulação após ter matado seu genro em uma discussão familiar. Se a lei fosse aplicada, Griffo teria sido condenado à forca, por assassinato. Mas inexplicavelmente depois do sumiço de Griffo, muitas das fontes desenhadas por ele continuaram a aparecer no mercado. Uma das versões contadas é que, pela sua importância, Griffo não foi condenado à forca. Diz-se que seu nome foi mudado e ele continuou a viver na mesma casa, trabalhando em paz por muitos e muitos anos.

A itálica de Griffo redesenhada por Francisco Lucas, com maiúsculas, minúsculas, letras dobradas e ligadas (Madri, 1577).

Mas trabalhando em quê? Griffo, grifo, grifado. Pelo nome já deu para ver que a letra grifada ou itálica foi inventada por ele. Ou letra cursiva — *cursiv*, como chamam os alemães. Griffo não só inventou as primeiras letras itálicas, como também entalhou os primeiros tipos itálicos desenhados por Aldus Manutius. Os dois, juntamente com Ludovico degli Arrighi da Vicenza (Vicentino), formavam o trio de mestres que lançaram as itálicas mais conhecidas.

Aldus escreveu, no seu primeiro livro, utilizando a itálica:

Francesco Griffo

"In grammatoglyptae ladem. Qui graiis dedit Aldus, en latinis Dat nunc grammata sculpta daedaleis Francisci manibus Bononiensis."

"Em louvor ao entalhador de tipos. Aldus, que antes dera à língua grega, agora dá aos tipos latinos entalhados pelas mãos artistas de Francesco di Bologna."

Geronimo Soncino, um conhecido impressor em hebreu, usou uma segunda itálica entalhada por Griffo em Fano, em 1503. Uma terceira versão da itálica de Griffo foi utilizada em Bologna, em 1516.

Dizem também que a letra itálica criada por Griffo foi copiada da letra manuscrita de Petrarca.

A itálica econômica de Aldus/Griffo.   *A itálica espaçosa de Vicentino.*

Uma vez criada a letra itálica, mais estreita e ocupando menos espaço na linha de texto, sua utilização foi maior na composição das primeiras bíblias de bolso. Sempre interessou à Igreja a difusão de suas ideias, e as pequenas bíblias nesse formato eram mais um difusor da doutrina católica pelo mundo.

Os impressores rivais, da cidade de Lyon, Balthasar da Gabiano e Barthélemy Trot, não demoraram a copiar os tipos itálicos criados por Griffo, Aldus e Vicentino. Aldus chegou até a revisar e corrigir algumas das edições de Lyon. Em 1503, ele fez críticas a essas edições, dizendo que "eram impressas em papel inferior, muito texturizado", e que "as consoantes não combinavam bem com as vogais".

Outros desenhistas de tipos e impressores que se destacaram na época foram Luca Pacioli, Sigismondo Fanti, Francesco Torniello e Giovani Baptista Verini.

Antes do fim da metade do século XVI, todos os impressores já utilizavam itálicas, sendo o desenho de Aldus o mais difundido. Três livros muito famosos na época foram impressos na Itália e marcaram o panorama da impressão: a edição de 1516 do *Decameron*, impressa por Fillipo Giunta em Florença; as primeiras edições dos trabalhos de Maquiavel, impressas em Roma por Antonio Blado em 1531 e 1532; e o livro *A divina comédia*, de Dante, impresso por Marcolini em 1544. A versão original de Aldus tinha muitas maiúsculas com ligaduras, assim como a primeira versão desenhada por Griffo, mas essas ligaduras e letras dobradas não eram utilizadas com frequência. O ângulo de inclinação dessas letras variava muito conforme o desenho, assim como a largura e as proporções. Não havia também uma grande

IN dextra lapidis elaboratiſſimi Aquila viſitur trunco Inſidens. Quæ in roſtro auis pennam tenet: ad Leuam altera Aquila ſphæræ ſupereminet ſerpentem mordicus tenens. Quid ſuper bac ſculptura cõſultus Andreas Alciatus Gaudentio Merulæ reſcripſerit ; accipe; Quòd petis (inquit) à me Hieroglypha illa tibi explicem

AENE·

P *abula parua legens, nidisq́; loquacibus eſcas,*
E *t nunc porticibus uacuis, nunc humida circum*
S *tagna ſonat, ſimilis medios Iuturna per hoſtes*
F *ertur equis, rapidóq́; uolans óbit omnia curru.*
I *amq́; hic germanum, iamq́; hic oſtendit ouantem*
N *ec conferre manum patitur, uolat auia longe·*

Itálicas entalhadas por Griffo, com desenho de Aldus Manutius.

variedade de tamanhos (corpos) de letras. Um impressor dispunha de dois ou três tamanhos de uma mesma letra no máximo. É importante ressaltar que nas letras itálicas a inclinação é menos importante do que o informalismo da letra e que a combinação desses dois elementos é que vai resultar em um desenho de sucesso.

A letra desenhada por Vicentino (Ludovico degli Arrighi) diferia das letras de Griffo e de Aldus em vários aspectos. Vicentino tinha uma pequena gráfica e estava interessado em publicar poucos e bons livros. Sua letra era espaçosa e farta em ascendentes e descendentes, e quase não se usava corpo inferior a 16. É também interessante ressaltar que várias itálicas, incluindo a de Vicentino, tinham as letras em caixa-alta normais, ficando as inclinadas apenas para a caixa-baixa.

A história de Vicentino interrompe-se no dia 6 de maio de 1527 com a invasão de mercenários de Carlos V a Roma, que matou tantos outros cidadãos, e provavelmente Vicentino também. Seu legado não foram só os seus tipos que exerceram forte influência por muitos anos, mas seu estilo limpo na diagramação de livros. Vicentino evitava todo tipo de ornamentação, muito em voga naquela época. Deixava, no máximo, espaços brancos para que ilustrações fossem acrescentadas depois, à mão. Em 1522, criou os caracteres denominados Chancelerescos, imitando as letras manuscritas com muitas ascendentes e descendentes.

Vicentino

A itálica de Colines.

A itálica de Basle.

Itálicas floreadas, de Johannes Baptistus Palatinus (Palatino).

Marca do impressor Michel Fezandat.

Griffo, Aldus e Vicentino exerceram papéis diferentes no século XVI. Griffo inventou a itálica. Aldus desenhou uma letra itálica clara, funcional e econômica, muito usada e copiada na primeira metade do século XVI. Vicentino criou uma letra mais luxuosa e espaçosa que foi, então, absorvida e copiada na segunda metade do século, assim como seu grafismo refinado.

Outro fato digno de nota foram os livros de Gian Giorgio Trissino, autor da tragédia *Sofonisba* e do poema épico *Italia Liberata dai Gothi*. Trissino introduziu em seus livros algumas letras gregas e, pela primeira vez, fez-se uma distinção entre as letras V vogal e V consoante, aparecendo então a letra U.

Além dos impressores de Lyon, havia em Paris Simon de Colines, um grande tipógrafo que, em seu primeiro tipo itálico, copiou características das letras de Aldus e Vicentino. Não se sabe se o próprio Colines entalhou os tipos ou se ele empregou Claude Garamond para realizar esse trabalho. Quando Colines morreu, em 1546, os desenhistas franceses já haviam incorporado características próprias ao desenho das itálicas.

Os primeiros alemães a usarem a itálica estavam estabelecidos em Viena, eram Hieronymus Vietor e Johann Singrenius. Há referências à itálica de Basle, de desenho sofisticado e elaborado muito admirado na época e que, por sua aceitação, foi usado intensamente por no mínimo vinte anos, inclusive em Lyon.

A St. Augustine de Granjon Cícero, Paris (1547).

A itálica de Granjon, Cícero.

Bíblia poliglota, de Christophe Plantin.

Marca do impressor Christophe Plantin.

As letras em caixa-alta fogem dos padrões de comportamento da época, ressaltando as letras M, N, R e V. A letra O não é inclinada, e o P e o A são floreados.

As itálicas mais celebradas da França são as desenhadas por Robert Granjon, filho de um impressor parisiense, Jean Granjon. Sua atividade começou em 1545 em uma pequena loja. Em 1549, Granjon associou-se a Michel Fezandat. Os livros produzidos pelos dois utilizaram uma itálica de fino desenho, com as maiúsculas inclinadas harmonizando com o resto das minúsculas. Granjon produziu 18 desenhos de itálicas e ainda há originais de 15 delas na Antuérpia. A famosa *Bíblia poliglota*, de Christophe Plantin, impressa em caldeu, grego, siríaco, hebreu e latim, foi composta com tipos itálicos desenhados por Granjon, que também criou caracteres e imprimiu livros em árabe. O final do século XVI já se aproximava com as letras itálicas espalhando-se pelo mundo. Hoje, todo alfabeto que se preza vem não com uma, mas com várias versões grifadas, com inclinações, larguras, espessuras e acabamentos diferenciados.

Em 1500, a impressão já estava bem difundida na Europa, o período conhecido como *incunabula*, entre 1440 e 1500, corresponde à infância da arte renascentista. Os impressores já eram mil na Europa e mais de 35 mil títulos haviam sido editados, compreendendo o impressionante total de 12 milhões de livros impressos.

Ateliê de impressão: original e cópia.

5.2 A dominação francesa

Com a chegada do século XVI, os franceses começaram a se impor nas artes das letras. O estilo francês não apresenta a impetuosidade do estilo italiano, mas acrescentou delicadeza e refinamento ao desenho tipográfico ao longo do tempo.

Um dos mais importantes desenhistas de letras dessa época foi Claude Garamond, que desenhou a família Garamond, obra-prima da tipografia do século XVI e um clássico entre os clássicos. Garamond não era só desenhista, mas um excelente entalhador ou cortador de matrizes dos tipos. Muitos dos tipos criados por contemporâneos franceses foram cortados por Garamond, que se especializou em gravação e fundição de tipos como serviço a outros impressores.

Sua letra mais famosa e que leva o seu nome é a letra mais legível do mundo para textos, segundo pesquisas. Nascido em Paris em 1490, foi aluno do impressor Antoine Augereau e, em 1510, começou seu aprendizado. Garamond fez grandes progressos e em dez anos de trabalho já era conhecido em todo o meio das artes de impressão na França, assim como seu discípulo Jacques Sabon, que com ele trabalhava.

Sua primeira fonte conhecida foi usada em 1530 para a edição de *Paraphasis in elegantiarum libros Laurentii Vallae Erasmus*. Seu desenho era inspirado na letra de Nicholas Jenson e na Romana de Griffo utilizada na edição do *Alpha-*

Vertere Mecœnas, vlmiſque adiungere vites
Coueniat: quæ cura boum, quis cultus habēdo
Sit pecori: atq; apibus quāta experiētia parcis:
Hinc canere incipiā. Vos ô clariſſima mundi
Lumina, labentem cælo quæ ducitis annum:
Liber,& alma Ceres, veſtro ſi munere tellus
Chaoniam pingui glandem mutauit ariſta:
Poculáque inuentis Acheloia miſcuit vuis:

Garamond.

betum *Graecum,* publicada por Estienne. Os três jogos originais das punções desse tipo ainda se encontram na Imprimerie Nationale de Paris, a gráfica do Rei.

Em 1545, Garamond fundou sua própria editora, que utilizava os tipos no livro *De Aetna* de Pietro Bembo, publicado por Aldus Manutius. O Rei Francisco I encomendou-lhe a criação de uma família de tipos gregos que seria conhecida por Grecs du Roi, baseada em desenhos de Angelos Vergetios. Essa fonte foi utilizada para a primeira edição feita por ele, além de uma nova letra cursiva. Os trabalhos de Aldus Manutius são forte referência em seu estilo, com margens generosas, impressão esmerada e magnífica encadernação.

As referências tipográficas de Garamond incluem trabalhos de Conrad Sweinheim, Arnold Pannartz, Nicholas Jenson, Aldus Manutius, Francesco Griffo, Henri, Robert e Charles Estienne, Ludovico Arrighi, Tagliente e Palatino.

A letra de Garamond foi redescoberta no século XX. Várias reproduções foram recriadas. Uma das melhores redesenhadas é a Garamond Stempel de 1924.

Garamond morreu em 1561 e seus bens foram comprados por Christophe Plantin. Em 1592, o tipógrafo Conrad Berner publicou um catálogo com as fontes de Garamond que até hoje serve de referência para os estudos sobre esse grande tipógrafo.

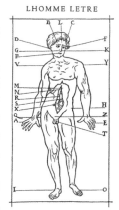

Desenho de Geoffroy Tory.

ABCDEFGHIJKLMNOPQRSTUVWXYZ
abcdefghijklmnopqrstuvwxyzæœfffiflffiffl
&ÆŒ£1234567890.,;:-!?"()
ABCDEFGHIJKLMNOPQRSTUVWXYZ
abcdefghijklmnopqrstuvwxyzæœfffiflffiffl
&ÆŒ£1234567890.,;:-!?"()

Monotype 156

ABCDEFGHIJKLMNOPQRSTUVWXYZ
abcdefghijklmnopqrstuvwxyzfifflflffifflctst
&$1234567890.,-:;!?"
ABCDEFGHIJKLMNOPQRSTUVWXYZ
abcdefghijklmnopqrstuvwxyzfifflflffifflctst
&$1234567890.,-:;!?"

ATF

ABCDEFGHIJKLMNOPQRSTUVWXYZ
abcdefghijklmnopqrstuvwxyzæœff fiflffiffl
&ÆŒ£1234567890.,;:-!?"()
ABCDEFGHIJKLMNOPQRSTUVWXYZ
abcdefghijklmnopqrstuvwxyzæœfffiflffiffl
&ÆŒ£1234567890.,;:-!?"()

Ludlow

ABCDEFGHIJKLMNOPQRSTUVWXYZ
abcdefghijklmnopqrstuvwxyzæœflfifffffiffl
&ÆŒ1234567890.,;:-!?"()
ABCDEFGHIJKLMNOPQRSTUVWXYZ
abcdefghijklmnopqrstuvwxyzæœflfifffffiffl
&ÆŒ1234567890.,;:-!?"()

Deberny & Peignot

ABCDEFGHIJKLMNOPQRSTUVWXYZ
abcdefghijklmnopqrstuvwxyzæœfffiflffiffl
&ÆŒ£1234567890.,;:-!?()
ABCDEFGHIJKLMNOPQRSTUVWXYZ
abcdefghijklmnopqrstuvwxyzæœfffiflffiffl
&ÆŒ£1234567890.,;:-!?()

Nebiolo

Versões variadas da Garamond.

❡ Folio ij

❡ Here begynneth the book of the subtyl historyes and Fables of Esope whiche were translated out of Frensshe in to Englysshe by wylliam Caxton at westmynstre In the yere of oure Lorde. M. CCCC lxxxiij.

First begynneth the lyf of Esope with alle his fortune how he was subtyll / wyse / and borne in Grece / not ferre fro Troye the graunt in a Tolbue named Amoneo / whiche was a yonge other dyfformed and euylle shapen / For he had a grete hede / large vysage / longe Jowes / sharp eyen / a short necke / corbe bucked / grete bely / grete legges / and large feet / And yet that whiche was werse he was dombe / and coude not speke / but not withstondyng al this he had a grete wytte & was gretly Ingenyous / subtyl in cauyllacions / And Jo-...wordes

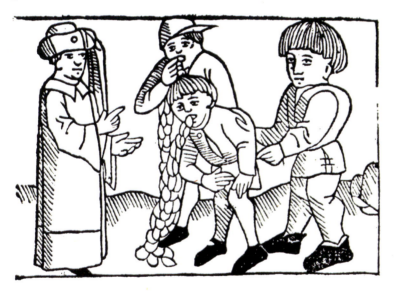

❡ This historye conteyneth / How he excused hym of that was Imposed to hym / that he shold haue eten the fygges of his lord

Uma página do livro *The subtyl historyes and fables of Esope*, traduzido e impresso por Caxton, em Westminster, em 1484.

William Caxton

William Caxton (1421-1491) nasceu em Kent, Inglaterra. Depois de viver quase trinta anos pela Europa, Caxton, o precursor dos impressores ingleses, imprimiu o primeiro livro na língua inglesa, no ano de 1476, *Sayings of the philosophers*.

65

Civilité – Robert Granjon.

      Paralelamente ao desenvolvimento da letra Romana, houve uma tentativa de unir o estilo gótico a uma escrita mais informal. O resultado foi a letra chamada Civilité que em pouco tempo caiu em desuso. O entalhador de tipos Robert Granjon foi um dos expoentes no desenho da Civilité.

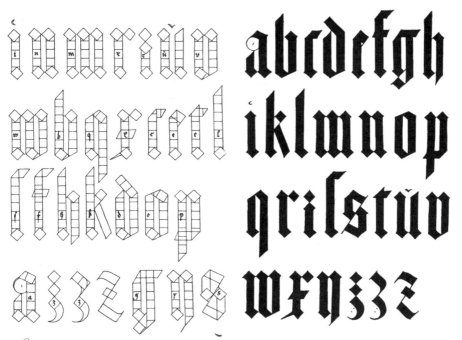

Manuscrita de Dürer.

5.3 Dürer e os módulos

No começo do século XVI, Albrecht Dürer, que era também matemático, ensaísta, pintor, gravador, inventor — uma versão germânica de Leonardo da Vinci —, publicou o livro *Of the just shaping of letters,* mostrando pela primeira vez na história a construção sistematizada de um alfabeto desenhado por ele com base em princípios geométricos. No livro, Dürer mostra, sempre tomando por base um quadrado ou retângulo, como se constroem todas as letras do alfabeto. Quem tentar redesenhar as letras seguindo as instruções de Dürer, traduzidas para o inglês arcaico na edição da Dover, vai descobrir que a geometria daquela época era inexata e, muitas vezes, os desenhos desenvolvidos não "fecham". Mas foi a primeira tentativa de se sistematizar a construção de letras fundamentando-se em instruções literais.

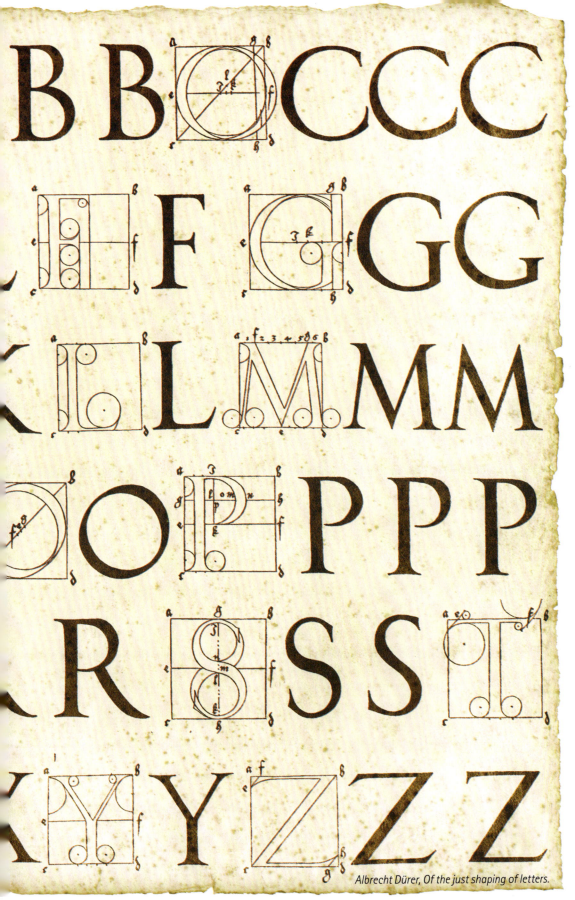

Albrecht Dürer, Of the just shaping of letters.

Richard Gething (1645).   John Ayres.

Daniel.   John Ayres.

5.4 A letra em chapa de cobre

No século XVII, uma nova técnica foi muito usada pelos ingleses: impressão por chapa de cobre. Nessa técnica, sulcos são feitos à mão na chapa entintada, que é impressa manualmente em uma prensa. A técnica facilitou o uso de curvas e criou uma série de novos alfabetos, todos baseados na utilização abundante das curvas, desenhadas à mão com a ajuda de um buril. Para se confeccionar a matriz, segura-se um buril com a mão direita, a qual permanece fixa. Depois, a chapa, que fica pousada sobre uma almofada de couro redonda, é girada seguindo-se um curso aberto para que as curvas sejam cortadas com suavidade e precisão. Essa técnica exige muitos anos de treinamento. Richard Gething e John Ayres foram seus maiores expoentes. A impressão em chapa de cobre apresenta um inconveniente: a chapa não pode ser reaproveitada como os tipos móveis.

SERENISSIMÆ
VENETORUM
REIPUBLICÆ
CLAUDIUS SALMASIUS
S.

Um in eo essem *Sapientissimi & Illustrissimi Proceres*, ut post absolutum Exercitationum Plinianarum opus, delegendis, ut sit, patronis, & parandis ei defensoribus ex illustri aliquo loco cogitare deberem, non diu mihi dubitandum fuit, an vestrum nomen clarissimum fronti earum inscriberem, qui multo ante, ab eo nempe tempore, quo prima operis fundamenta ponere cœpi, id totum vobis dicandum destinarim. Quod non solum quam libenter, sed etiam quam merito fecerim ex veteri votorum ac dedicationum formula, mea refert plurimum à me ipso prædicari, ne qui sint scilicet quibus mirum videri possit, atque etiam reprehensione dignum, me foris & apud exteros quæsivisse quod in patria ac domi possem habere, quod utique haberem. Profecto tametsi hujus mei facti nullam rationem mihi reddere liberet, non tamen ullam a me exigi magis par esset quam ab illis solet, qui vulgo aliquem sibi privata religione colendum sumunt ex adscripticiorum cœlitum or-

Holandesa (Salmasius), ano de 1689.

5.5 A tipografia holandesa

No final do século XVI, a Inquisição expulsou da Europa católica todos os que dela discordavam, que fugiram para a Holanda, país que se tornou o refúgio das cabeças destoantes e do pensamento moderno. Os impressores proscritos e revolucionários passaram a trabalhar à vontade e a editar clássicos gregos, livros proibidos, ou em línguas nativas diferentes do latim. Nesse cenário, os tipógrafos holandeses começaram a aparecer. Comparados a Garamond, as diferenças estão no peso maior, nas dimensões avantajadas em algumas letras de caixa-baixa e itálicas irregulares. Cristopher Vandijck, Bartholomaeus e Dirk Voskens foram os melhores entalhadores de tipos de seu tempo. Seus tipos foram aceitos em toda a Europa e, apesar de não serem especialmente refinados em seu desenho, apresentam bom padrão e ótima legibilidade. Enquanto o grande gráfico Aldus Manutius e os impressores italianos atendiam aos intelectuais da Renascença, Garamond e os outros impressores da França serviam aos nobres e poderosos franceses, e os impressores holandeses atendiam à classe média que surgia e pedia novos tipos práticos e comerciais acima de tudo.

*Non inchoantibus præmium, sed perseverantibus datur. Het loon word niet aan den beginnende belooft, maar het word aan de volhardende gegeeven.
acefgklopqrstwxyz.cfghjkprætuw.*

Lors qu' Aspasie étoit concubine d'Artaxerxès: On ne sauroit lui donner moins de vingt ans à la mort de Cyrus: elle avoit donc soixante-quinze ans lors qu'un nouveau Roi la demande comme une grace particuliere. PLTGA ABCDEFHIJKMNOQSU VWXYZÆ ÆABCDEFGHIJKL 1234567890†([§§!?ạọχúḿñ

Itálica e normal por Johann Fleishman para a fundidora Enschedé, em Haarlem.

A tipografia era mais e mais usada comercialmente. Havia grande demanda por fontes nas novas gráficas que apareceram para abastecer a sociedade de material impresso. Cada vez mais vendiam-se bens por meio de catálogos, reclames, avisos, cartazes e jornais.

Logo as fundições proliferaram na Holanda. Um novo negócio florescia. A Europa, carente de fontes tipográficas, abasteceu-se das famílias holandesas.

Uma oficina de impressão (1639). Abraham von Werdt.

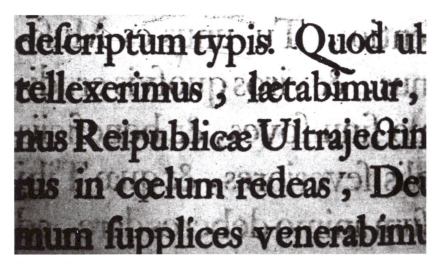
Salmasius (1689).

Essa hegemonia no fornecimento de matrizes seria quebrada alguns anos depois com a entrada dos ingleses, primeiramente Caslon e depois Baskerville, no mercado, com seu desenho bem mais elegante e refinado.

Os tipos holandeses não têm a exuberância de formas dos italianos da Renascença. Quando comparados a estes, parecem meio pesados e deselegantes.

Marca secreta na letra L minúscula, de Grandjean.

Phillipe Grandjean — Imprimerie Royale (1702).

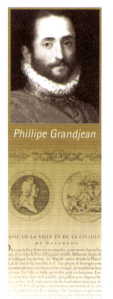

Phillipe Grandjean

5.6 A nova letra (preâmbulo)

No final do século XVII, em 1694, Phillipe Grandjean (1666-1714), diretor da gráfica real de Luís XIV, a Imprimerie Royale, desenhou um novo tipo que diferia de todos os anteriores; a nova letra tinha ênfase razoavelmente vertical e suas serifas eram mais finas. Alguns exemplares dessa letra podem ser identificados, pois o autor deixou um "calombo" no meio da letra L (caixa-baixa) como marca secreta de identificação. O desenho dessa fonte influenciou os artistas da letra do século XVIII. Houve uma mudança na direção da ênfase das letras, que era oblíqua e passou a ser quase vertical. As serifas e as partes mais finas das letras ficaram mais bem acabadas, consequência de máquinas impressoras que foram redesenhadas e aperfeiçoadas. O desenho também seguiu padrões mais rígidos, tornando-se mais objetivo e racional. Essa letra, chamada Roman du Roi (1702), exerceu influência direta nas letras desenhadas por John Baskerville e, depois, por Giambatista Bodoni, chamadas classicistas.

Toda vez que um capitalista injetava recursos em uma gráfica, a consequência era a melhoria dos padrões gráficos. A Imprimerie Royale pôde fabricar prensas mais precisas, papéis melhores, tintas mais bem formuladas etc. Mas a gráfica real tinha sua produção voltada com exclusividade para seu dono, sendo até proibido aos humildes plebeus o uso da letra Roman du Roi.

Il pose ce fondement tant de son histoire que de sa doctrine et de ses lois. Après, il nous fait voir tous les hommes renfermés en un seul homme, et sa femme même tirée de lui ; la concorde des mariages et la société du genre humain établie sur ce fondement ; la perfection et la puissance de l'homme, tant qu'il porte l'image de Dieu en entier ; son empire sur les animaux ; son innocence tout ensemble et sa félicité dans le Paradis, dont la mémoire s'est conservée dans l'âge d'or des poètes ; le précepte divin donné à nos premiers parents ; la malice de l'esprit tentateur, et son apparition sous la forme du serpent ; la faute d'Adam et d'Eve, funeste à leur postérité ; le **premier** homme justement puni dans tous ses enfants, **et le** genre humain maudit de Dieu ; la première promesse de la rédemption, et la victoire future des hommes sur le démon qui les a perdus.

La terre commence à se remplir, et les crimes s'augmentent. Caïn, le premier enfant d'Adam et d'Eve, fait voir au monde naissant la première action tragique ; et la vertu commence dès-lors à être persécutée par le vice. Là paraissent les caractères opposés des frères, l'innocence d'Abel, sa vie pastorale, et ses offrandes

Roman du Roi.

Mostruário de Caslon para Ironmonger Row, Old Street, Londres.

Vista de parte da fundição de Caslon mostrando quatro fundidores em ação, três meninos tirando rebarbas dos tipos e dois dando acabamento.

Some Paſsages from the Diary of Lady *Willoughby*.

1635.

 Roſe at my uſual houre, ſix of the clock, for the firſt time ſince the Birth of my little *Sonne*; opened the Caſement, and look'd forth upon the Park; a drove of Deer paſſ'd bye, leaving the traces of their Footſteps in the dewy Graſs. The Birds ſang, and the Air was ſweet with the Scent of the Wood-binde and the freſh Birch Leaves. Took down my *Bible*; found the Mark at the 103d *Pſalm*; read the ſame, and return'd Thanks to *Almighty God* that he had brought me ſafely through my late Peril and
B   Extremity,

Abertura de capítulo do Diário de Lady Willoughby (1844), composto em Caslon Old Face.

ABCDEF
GHIKLM
NOPQRS
TUVJWX
YZ£&
1234567890

Caslon Old Face da fundição Stephenson Blake.

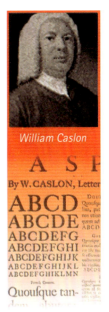

William Caslon (1692-1766), que nasceu em Cradley, Shropshire, foi o primeiro grande impressor inglês. Caslon, que começou com um negócio de gravação de armas de fogo em Londres, passou a gravar cunhos para a encadernação de livros. Como era excelente desenhista, passou a desenhar tipos, abrindo a primeira fundição ao lado da Universidade de Oxford. Os impressores William Bowyer e John Watts injetaram dinheiro na fundição de Caslon. Este, dez anos depois, transformou-se no maior fornecedor de tipos da Inglaterra, que antes importava da Holanda suas fontes. O estilo da letra de Caslon é limpo e legível, apresentando ótimo padrão.

A folha mostruária de Caslon apresentava, em 1734, 38 fontes. Caslon também oferecia os tipos romanos nos corpos 60, 48, 36, 28, 24, 20 e 16 pontos e as itálicas de 48 a 5 pontos, o que, para a época, significava uma variedade sem similar na Europa. Caslon também fornecia fontes em hebraico, grego, gótico, além de florões e ornamentos.

A fama de Caslon atravessou o oceano. A declaração de independência dos Estados Unidos (EUA) foi composta com tipos desenhados por ele. John Baskerville, mais jovem do que Caslon, foi seu grande admirador.

Quando Caslon morreu em 1766, seu filho, William Caslon II, seguiu os passos do pai e, de geração em geração, a fundição da família continuou até 1936, quando foi comprada pela Blake and Co., de Sheffield.

P. VIRGILII MARONIS

GEORGICON.

LIBER PRIMUS.

Ad *C. CILNIUM MAECENATEM.*

Quid faciat lætas segetes, quo sidere terram
Vertere, Mæcenas, ulmisque adjungere vites
Conveniat: quæ cura boum, qui cultus habendo
Sit pecori, atque apibus quanta experientia parcis,
5 Hinc canere incipiam. Vos, o clarissima mundi
Lumina, labentem cœlo quæ ducitis annum,
Liber, et alma Ceres; vestro si munere tellus
Chaoniam pingui glandem mutavit arista,
Poculaque inventis Acheloia miscuit uvis:
10 Et vos agrestum præsentia numina Fauni,
Ferte simul Faunique pedem, Dryadesque puellæ:
Munera vestra cano. Tuque o, cui prima frementem
Fudit equum magno tellus percussa tridenti,
Neptune: et cultor nemorum, cui pinguia Ceæ
15 Ter centum nivei tondent dumeta juvenci:
Ipse nemus linquens patrium, saltusque Lycæi,
Pan ovium custos, tua si tibi Mænala curæ,
Adsis o Tegeæe favens: oleæque Minerva
Inventrix, uncique puer monstrator aratri,
20 Et teneram ab radice ferens, Silvane, cupressum:
Dique Deæque omnes, studium quibus arva tueri,
Quique novas alitis non ullo semine fruges:
Quique satis largum cœlo demittitis imbrem.
                                                    Tuque

Primeira página da Bucolica, 1757 (John Baskerville).

> # P. TERENTII
> # ANDRIA.
> *PROLOGUS.*
>
> POETA cum primum animum ad fcribendum ap-
> Id fibi negoti credidit folum dari,   [pulit,
> Populo ut placerent, quas feciffet fabulas.
> Verum aliter evenire multo intelligit.
> Nam in prologis fcribundis operam abutitur,
> Non qui argumentum narret, fed qui malevoli
> Veteris poetæ maledictis refpondeat.
> Nunc, quam rem vitio dent, quæfo, animum advortite.
>
> *SOROREM falfo creditam meretriculæ,*
>   *Genere Andriæ, Glycerium vitiat Pamphilus:*
> *Gravidaque facta, dat fidem, uxorem fibi*
> *Fore hanc: nam aliam pater ei defponderat*
> *Gnatam Chremetis: atque ut amorem comperit,*
> *Simulat futuras nuptias; cupiens, fuus*
> *Quid haberet animi filius, cognofcere.*

Normal e itálica de Baskerville "P. Terentii" (1772).

5.7 A letra transicional

O século XVIII trouxe a pré-revolução industrial, com a racionalização dos meios de trabalho e do tempo.

A letra também foi influenciada. Seu desenho foi aprimorado e simplificado, e os ingleses assumiram lugar de destaque nas artes gráficas.

John Baskerville (1706-1775) foi o maior impressor inglês. Originário de Birmingham, excelente calígrafo e entalhador de tipos, Baskerville produziu desenhos de fontes claras, clássicas, com ênfase vertical, que mudariam o velho estilo da Forma Antiga (Old Face) para a Forma Intermediária ou Forma Transicional. Baskerville também é responsável por várias invenções nas artes da impressão, como novas tintas, impressoras mais rápidas e mais precisas. Outra grande contribuição de Baskerville foi a invenção de um novo tipo de papel (papel vitela), que depois de fabricado ainda era prensado entre dois tambores de cobre aquecidos. O novo papel era muito mais liso e brilhante, oferecendo melhor registro e acabamento, aproximando-se dos papéis modernos.

Os tipos desenhados por Baskerville, apesar de não terem a impetuosidade genial dos tipos italianos da Renascença, apresentavam ótimo padrão e legibilidade satisfatória. Foram muito admirados na sua época e serviram de inspiração para a serifa moderna, ou Forma Nova (New Face), que veio a seguir. Fournier, em seu *Manuel typographique,* escrito em 1766, teceu o seguinte comentário a respeito das páginas compostas com os tipos de Baskerville:

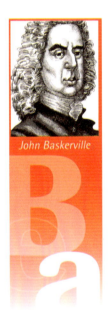

John Baskerville

PUBLII VIRGILII MARONIS BUCOLICA, GEORGICA, ET AENEIS.

BIRMINGHAMIAE:
Typis JOHANNIS BASKERVILLE.
MDCCLVII.

Baskerville, Virgil.

Punções originais de Baskerville.

have hitherto attempt-
left room for improve-
re owing to that variety
tion, than to any other
erit, and only wifh to
e of Reputation, from
ccidentally to have been

Baskerville, Milton (1758).

> Os tipos dele (Baskerville) são cortados com muita personalidade; sua itálica é a melhor de toda a Inglaterra, apesar de os seus caracteres romanos serem um pouco largos demais. Ele já publicou algumas edições impressas com esses novos tipos, que, pelo seu brilho, são verdadeiras obras-primas.

Mas os críticos também diziam que "as serifas muito finas iriam ferir os olhos do povo". Benjamin Franklin era um dos admiradores do trabalho de John Baskerville. Após sua morte, a família Didot comprou seus tipos.

ASCHERMITTWOCH

So ist denn ein ausschweifendes Fest wie ein Traum, wie ein Mährchen vorüber, und es bleibt dem Theilnehmer vielleicht weniger davon in der Seele zurück als unsern Lesern, vor deren Einbildungskraft und Verstand wir das Ganze in seinem Zusammenhange gebracht haben.

Cursiva francesa de Bodoni.

6. A NOVA LETRA (FINALMENTE)

No fim do século XVIII, a tendência para se racionalizar tudo, inclusive o desenho, acompanhando a pré-revolução industrial, afinal chegou.

Começou-se a desenhar, então, letras com larguras iguais e a padronizar as curvas, os ângulos, as espessuras e as dimensões dos novos alfabetos. Os impressores e criadores mais importantes foram Giambattista Bodoni (1740-1813) de Parma, na Itália, e a família Didot com seu patriarca, François Didot (1689-1757), de Paris, França. Chamam-se essas letras de Didones, a junção de Didot com Bodoni.

Os tipos de Bodoni, que começou trabalhando na gráfica do Vaticano, apresentam grande diferença entre as partes finas e grossas, quebrando definitivamente os conceitos da serifa antiga. Bodoni recebia apoio financeiro do Duque de Parma e pôde então pesquisar e introduzir diversos melhoramentos.

Giambattista Bodoni

Fez-se, nessa época, uso de todo tipo de vinhetas e outros elementos decorativos. O livro mais importante de Bodoni é o *Manuale tipografico,* que continha os alfabetos grego, hebraico, caldeu, sírio, samaritano, árabe, turco, tártaro, persa, etíope, armênio, etrusco, fenício, rúnico, georgiano, tibetano, hindu e cirílico, línguas que Bodoni conheceu quando trabalhou na gráfica do Vaticano, e tipos em 142 tamanhos diferentes. Bodoni foi, sem dúvida, um gênio entre os gênios, não só pela beleza de sua família mais famosa, mas pelo conjunto de sua obra, os belíssimos livros que imprimiu, as inovações tecnológicas nas máquinas de impressão e nos materiais. Bodoni era grande admirador de Baskerville, e tentou até viajar a Londres para conhecê-lo. Mas naquele tempo uma viagem curta poderia até durar meses, no meio do caminho Bodoni adoeceu e teve que retornar para Parma, sua cidade-base. Algum tempo depois Bodoni morreu. Ele recebeu todos os prêmios mais importantes de seu tempo, incluindo medalhas outorgadas por Napoleão e pelos reis de Espanha.

FRANÇOIS-AMBROISE DIDOT

born in Paris in 1720, was the most renowned printer of his day. He died in 1804. He started his activities as a printer in 1757,

The Didot type, like the Bodoni, shows a striking contrast between the heavy main-strokes and the thin serifs and

A fonte Didot, do patriarca François-Ambroise Didot, desenhada em 1755, é o melhor exemplo da dinastia Didot, que não só criou tipos, como também acrescentou diversas inovações à tecnologia da impressão por várias gerações.

PRÉFACE.

Virgile, au troisieme livre de l'Énéide ; c'est Énée qui parle :

> Littoraque Epiri legimus, portuque subimus
> Chaonio, et celsam Buthroti ascendimus urbem....
>
> Solemnes tum fortè dapes, et tristia dona...
> Libabat cineri Andromache, manesque vocabat
> Hectoreum ad tumulum, viridi quem cespite inanem,
> Et geminas, causam lacrymis, sacraverat aras....
>
> Dejecit vultum, et demissâ voce locuta est :
> O felix una ante alias Priameia virgo,
> Hostilem ad tumulum, Trojæ sub mœnibus altis,
> Jussa mori ! quæ sortitus non pertulit ullos,
> Nec victoris heri tetigit captiva cubile !
> Nos, patriâ incensâ, diversa per æquora vectæ,
> Stirpis Achilleæ fastus, juvenemque superbum,
> Servitio enixæ tulimus ; qui deinde secutus
> Ledæam Hermionem, Lacedæmoniosque hymenæos....

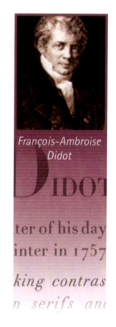

François-Ambroise Didot

Página de Oeuvres, de Racine, impressa por Pierre Didot, em Paris.

PVBLII
VIRGILII MARONIS
GEORGICON
LIBER PRIMVS.

AD C. CILNIVM MAECENATEM.

Quid faciat laetas segetes, quo sidere terram
Vertere, Maecenas, ulmisque adiungere vites
Conveniat; quae cura boum, qui cultus habendo
Sit pecori; apibus quanta experientia parcis:
Hinc canere incipiam. Vos, o clarissima mundi
Lumina, labentem caelo quae ducitis annum,
Liber et alma Ceres; vestro si munere tellus
Chaoniam pingui glandem mutavit arista,
Poculaque inventis Acheloïa miscuit uvis;

Virgilio, impresso na Stamperia Reale de Parma, Bodoni (1793).

ABCDEF
GHIKLM
NOPQRS
TUVXYZ
ABCDEF
GHIKLM
NOPQRS
TUVXYZ

Bodoni normal e itálica (1788).

XXII.

Trasse le squadre fuor, come veduto
    Fu da lunge venirne il popol franco;
    E fece anch'ei l'esercito cornuto,
    Co' fanti in mezzo, e i cavalieri al fianco.
    E per sè il corno destro ha ritenuto;
    E prepose Altamoro al lato manco.
    Muleasse fra loro i fanti guida:
    E in mezzo è poi della battaglia Armida.

XXIII.

Col duce a destra è il re degl'Indiani,
    E Tisaferno, e tutto il regio stuolo.
    Ma, dove stender può ne' larghi piani
    L'ala sinistra più spedito il volo,
    Altamoro ha i re persi e i re africani,
    E i duo, che manda il più fervente suolo.
    Quinci le frombe e le balestre e gli archi
    Esser tutti dovean rotate e scarchi.

XX.

Parve che nel fornir di tai parole
    Scendesse un lampo lucido e sereno;
    Come talvolta estiva notte suole
    Scuoter dal manto suo stella o baleno:
    Ma questo creder si potea che 'l sole
    Giuso il mandasse dal più interno seno;
    E parve al capo irgli girando: e segno
    Alcun pensollo di futuro regno.

XXI.

Forse (se deve infra celesti arcani
    Prosuntüosa entrar lingua mortale)
    Angel custode fu, che dai soprani
    Cori discese, e 'l circondò con l'ale.
    Mentre ordinò Goffredo i suoi Cristiani,
    E parlò fra le schiere in guisa tale,
    L'egizio capitan lento non fue
    Ad ordinare, a confortar le sue.

Letras usadas comercialmente no final do século XIX.

7. O SÉCULO XIX

O século XIX transcorreu com a invenção das famílias sem serifa e um movimento libertário em relação à forma das letras, que se viram deformadas e distorcidas na forma e nas proporções, sem limites e sem critério. Começou-se a usar tipografia comercialmente e, sem nenhum controle estético, a forma das letras deteriorou-se, assim como o design dos livros da época. Faziam-se letras obesas, ilegíveis, páginas desalinhadas, margens desproporcionais aos textos etc.

Durante o marasmo tipográfico do século XIX, a indústria da impressão continuou florescendo. As fábricas de papel desenvolveram novos moinhos com capacidade de fabricação de até seis mil metros por dia. As novas impressoras rodavam em maior velocidade e as primeiras máquinas de composição de tipos foram inventadas. Entre o final do século XIX e o começo do século XX, a aparência dos livros continuou decaindo. Surge então, como reação à má qualidade gráfica da época, o novo grafismo. Liderado pelos suíços, austríacos e russos, o novo movimento lançou as bases do estilo que iria desembocar na criação da Bauhaus. O século XX trouxe alguns dos movimentos mais importantes da tipografia e muitos dos maiores tipógrafos de todos os tempos, que serão estudados a seguir.

Máquina compositora Thorne Type.

Compositora Young & Delcambre.

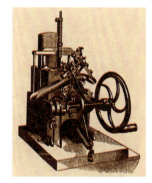
Fundidora de tipos David Brune Jr. — América (1871).

Moinho de papel (1850).

Oficina de impressão (1825).

Applegath & Cowper's, que imprimia os dois lados do papel (1810).

Nesta página e na seguinte, a confusão tipográfica do século XIX.

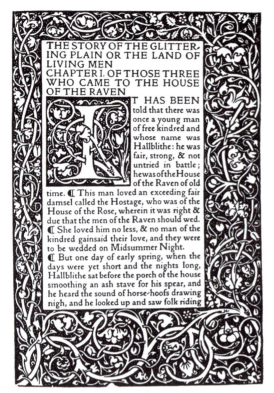

Primeiro livro impresso na gráfica Kelmscott Press (1891).

Kelmscott Press, desenho de Leo Wyatt.

A equipe da Kelmscott Press.

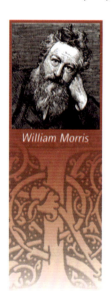

7.1 A Kelmscott Press

O final do século XIX trouxe-nos uma iniciativa ímpar na história da impressão. A reconstituição de uma tipografia nos mesmos moldes da primeira gráfica inventada por Gutenberg, com as mesmas prensas, tipos e papéis artesanais. William Morris (1834-1896) era um grande ilustrador e entalhador britânico que até os cinquenta anos nunca tinha desenhado um alfabeto. Um dia, ao assistir uma palestra de seu amigo Emery Walker, que projetava letras em uma parede, em novembro de 1888, Morris viu pela primeira vez caracteres em grandes tamanhos e se sentiu motivado a desenhar letras que seriam depois reduzidas e impressas.

O estudioso William Morris tinha uma grande coleção de livros antigos, que também eram fonte de pesquisas e discussões com seus amigos Walker e Sydney Cockerel. Das discussões, Morris passou a desenhar seus primeiros tipos para seus próprios livros que, no começo, eram impressos na gráfica Chiswick Press, do famoso impressor Charles Wittingham.

No ano de 1891, Morris resolveu fundar sua própria gráfica, a qual chamou de Kelmscott Press. O perfeccionista Morris propôs-se a reestudar todo o processo que resultou na invenção da imprensa, a começar pelo papel, muito encorpado e parecido com os velhos papéis do século XV. Depois de muito procurar, Morris encontrou um fabricante de papéis artesanais na localidade de Little Char, em Kent. O moinho passou a fornecer papel com as marcas d'água desenhadas pelo próprio Morris, que também produzia alguns livros em pergaminho para seus clientes mais ricos.

Livro The history of Reynard and the fox.

Livro The history of Godefrey of Boloyne (1893).

Geoffrey Chaucer.

Prensa Albion.

Frontispícios.

ABCDEFGHIJKLMNOPQRSTUVW
XYZ & abcdefghijklmnopqrstuvwxyz

Golden Type, de William Morris.

À medida que a gráfica progredia, os imóveis adjacentes eram ocupados e, no dia 8 de maio de 1891, o primeiro livro foi impresso, *The story of the glittering plain*.

Morris e seus colaboradores desenharam, decoraram e imprimiram livros históricos. Até a tinta usada nas impressoras era especial. A fábrica Jaenecke, em Hanover, fornecia a melhor tinta da Europa. Muito difícil de trabalhar, porém com o melhor resultado possível. A Kelmscott Press chegou a funcionar com mais de dez compositores e impressores. Mas por causa dos processos artesanais, a produção era muito pequena e disputada com avidez pelos colecionadores de livros. As prensas da marca Albion, muito bem reforçadas para resistir à dureza dos papéis e tintas utilizados, não paravam de trabalhar, produzindo livros ricamente decorados com entalhes em madeira cortados pelo próprio Morris e desenhados por vários ilustradores, incluindo Burne-Jones, Walter Crane, C. M. Gere e A. J. Gaskin. Em 1895, a Kelmscott Press tinha produzido 66 títulos, sendo 23 do próprio Morris, 22 reproduções de livros medievais e 13 de poetas contemporâneos, num total de 21.401 cópias em papel e 677 em pergaminho. A partir de 1895, quase todos os livros impressos pela Kelmscott eram vendidos antes de seus lançamentos.

Outras gráficas passaram a copiar o estilo de Morris, utilizando papéis industriais e compositores mecânicos, mas a Kelmscott Press marcou a história da tipologia como a melhor e mais autêntica recriação de uma gráfica manual.

8. ESTILOS TIPOGRÁFICOS E MESTRES DA TIPOGRAFIA

8.1 Art nouveau

O movimento art nouveau, com sua exuberância de formas curvas, forneceu-nos exemplos de tipologia que incorporaram todas as características que os objetos, as ilustrações e a arquitetura trouxeram a partir de 1890. As letras eram usadas com fartura na publicidade, em revistas, jornais e pôsteres. O estilo art nouveau difere ligeiramente de acordo com o país onde foi criado. Inglaterra, Escócia, França, Bélgica e Espanha tinham seus próprios subestilos.

Arthur Mackmurdo.

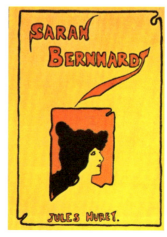

Alphonse Mucha.

Gustav Klimt.

AABCDEFGHIJKLMNOPQR
STUVWXY&Z 1234567890

Edda.

ABCDEFGHIJKLMNOPQRSTU
VWXYZ(&.,.:;-''!?$¢)1234567890
abcdefghijklmnopqrstuvwxyz

Berolina Medium.

ABCDEFGHIJKLMNOPQR
STUVWXYZ0123456789
abcdefghijklmnopqrstuvwxyz

Arnold Bocklin.

AABCDEFGHHIJKKLMMNNOPPQ
RRSTTUUVWXYZ ÆØ 1234567890
abcdefghijklmnopqrstuvwxyz æøß &?!£$

Artistik.

Lotus.

Carmen Initials.

95

8.2 O novo grafismo

No fim do século XIX, os grafistas russos, suíços, austríacos e alemães também começam a apresentar seu estilo, que introduziu os novos conceitos de programação visual que norteariam a evolução do design gráfico e da tipografia a partir de então, desembocando na Bauhaus construtivista.

M. V. Uchatius.

Alexander Rodchenko.

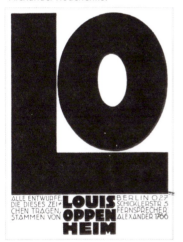

Louis Oppenheim.

Ljubomir Micić.

97

8.3 Dadaísmo

O movimento dadaísta, no começo do século XX, trouxe novos ingredientes à tipografia no que se refere à diagramação e à quebra de vários dogmas, como misturar famílias, caixa-alta e caixa-baixa, alinhamentos, espaços brancos e capitulares.

A filosofia dadaísta se origina do questionamento e da negação dos preceitos incorporados pelo pensamento humano em relação à arte e a outros valores subjetivos.

Kurt Schwitters e Theo Von Doesburg (1922).   *Tipografia dadaísta (séc. XX).*

Kathe Steinitz, Kurt Schwitters e Theo Von Doesburg (1925).

Ilya Zdanevitch (mais de quarenta fontes utilizadas).

8.4 Bauhaus

Nos anos 1920, a Bauhaus revolucionou os conceitos que regiam a tipografia tradicional. As letras vindas da Bauhaus eram geométricas, construídas racionalmente. Pensou-se em abolir a caixa-alta, a serifa, e em usar letras em caixa-baixa apenas. Utilizavam-se títulos e textos em diagonal para "quebrar" a perpendicularidade da página e criar tensão visual. A página assumiu nova feição e o design de letras, a arquitetura e a arte caminharam juntos, à sombra do construtivismo.

Paul Klee.

bos Schmidt (1923).

abcdefghijklmn opqrstuvwxyza

erbert Bayer Universal Alphabet (1925) — todo construído com arcos, linhas verticais e orizontais, iniciado em 1925 e finalizado em 1928.

abcdefghijklmn pqrstuvwxyzag

erbert Bayer — Universal Alphabet Condensado (1925).

ABCDEFGHIJKLMNOPQRSTUab defghijklmnopqrsrstuvwxyz

sef Albers — tinta preta sobre papel milimetrado.

ABCDXEFGHYIJK MZNOPQVRSTUW

erbert Bayer — sombra sem contorno.

101

8.5 Art déco

A tipografia *art déco* também acompanhou o geometrismo do estilo que teve seu apogeu nos anos 1930. Os pontos altos nesse estilo estão nos geometrismos, na ilustração e na arquitetura com tantos exemplos presentes até hoje.

Schulz Neudamm (1926).

Tadeusz Gronowsky (1930).

Niklaus Stöklin (1930).

Bergemann (1924).

ABCDEFGHIJKLMN
OPQRSTUVWXYZ
abcdefghijklmnopq
rstuvwxyz0123456789

Broadway Engraved.

1928.

ABCDEFGHIJKLMNOPQRS
TUVWXYZabcdefghijklmnopq
rstuvwxyz0123456789

Elisia.

Wild Style 2004.

3D 2005.

Tag.

9. O GRAFITE

O grafite apareceu no Brasil em 1977, quando o estudante da PUC-Rio Carlos Alberto Teixeira da Silva Filho, aos 17 anos, batizou a cidade com o lendário "Celacanto Provoca Maremoto" com inspiração no herói japonês National Kid. Logo depois a frase "Lerfá Mu" ocupou as paredes da cidade e desde então os grafites invadiram todos os espaços dos prédios, muros e monumentos nas metrópoles de todo o país.

O grafite nasceu no Harlem espanhol, em Nova York, em 1935. Os primeiros desenhos foram feitos no chão, a giz, e logo passaram para as paredes. Decorreram mais 35 anos, e essa "arte" foi se desenvolvendo até ser considerada praga nos anos 1970, quando se espalhou pela cidade. Ainda não havia distinção entre pichação, feita desordenadamente e sem grandes preocupações estéticas, e grafite, uma nova arte urbana que surgia com sua filosofia e estética. Por ser uma atividade de rua, muitos de seus integrantes saíram dos guetos e das minorias. Começou a nascer uma filosofia de vida baseada no urbano e em seu universo, o hip-hop. A nova ideologia trouxe sua música, suas roupas, suas posturas, e um mundo antes oculto nas trevas urbanas se desvelou. O nome dado a esse conjunto de manifestações artísticas e culturais passou a ser chamado de "atitude". Os primeiros ícones do mundo do grafite foram Jean Michel Basquiat, pintor ligado a

Bombing 2005.

Andy Warhol, e logo depois Keith Haring, um anônimo estudante de design gráfico da Escola de Artes Visuais de Nova York. Haring começou a pintar os muros de sua cidade e logo alcançou fama, tornando-se um dos artistas plásticos mais importantes de sua época. Tanto Basquiat como Haring morreram prematuramente, mas o movimento de arte urbana cresceu e hoje figura no mundo como vertente importante na sociedade.

As letras usadas no grafite dividem-se em três grupos mais importantes, além da escrita básica, "Tag".

1. O primeiro estilo, muito utilizado, chama-se "Bombing ou Throw Up" (vomitar em inglês), estilo que remete a formas escorrendo como gosmas nas letras; é orgânico, tem forma similar a um balão e valoriza a simplicidade.
2. O segundo é "Wild Style", o estilo tradicional que tem setas e letras contorcidas, tendo o desenho de perspectiva valorizado. Por ser mais elaborado, o "Wild Style" requer mais esboços, tempo e planejamento para a sua elaboração .
3. O terceiro e menos comum é o "3D", que usa luz, sombra, tridimensionalidades, valorizando a luz e a sombra para deixar os contornos em segundo plano.

Para se ter uma ideia, para um muro de 10 m x 2 m são gastas quarenta ou cinquenta latas de spray em dois dias de trabalho.

10. TIPOS CALIGRÁFICOS

Não têm necessariamente que ser escritos com pena e tinta. Variam de peso, inclinação, ritmo ou estilo. Na caligrafia, é importante que o alfabeto desenhado esteja sempre dentro de um mesmo estilo, que seja legível e que imprima ritmo à escrita. Uma escrita bem ritmada rende leitura que flui e não cansa.

Yes, this is how God
loved the world :
He Gave his
Only Child ;
So that all
People with faith in him
can Escape destruction and
Live a full life,
now and forever.

JOHN 3:16

Caligrafia Eric Gill.

ABCDEFGHIJKLMNOPQR
STUVWXYZ123456789
abcdefghijklmnopqrstuvwxyz

Zapfino.

ABCDEFGHIJKLMNOPQR
STUVWXYZ123456789
abcdefghijklmnopqrstuvwxyz

Zapf Chancery.

ABCDEFGHIJKLMNOPQR
STUVWXYZ123456789
abcdefghijklmnopqrstuvwxyz

Alladin Expanded Regular.

ABCDEFGHIJKLMNOPQR
STUVWXYZ123456789
abcdefghijklmnopqrstuvwxyz

Ariston.

ABCDEFGHIJKLMNOPQR
STUVWXYZ123456789
abcdefghijklmnopqrstuvwxyz

Brush Script.

ABCDEFGHIJKLMNOPQR
STUVWXYZ123456789
abcdefghijklmnopqrstuvwxyz

English.

ABCDEFGHIJKLMNOPQR
STUVWXYZabcdefghijklmnopqrstuvwxyz

Queensland.

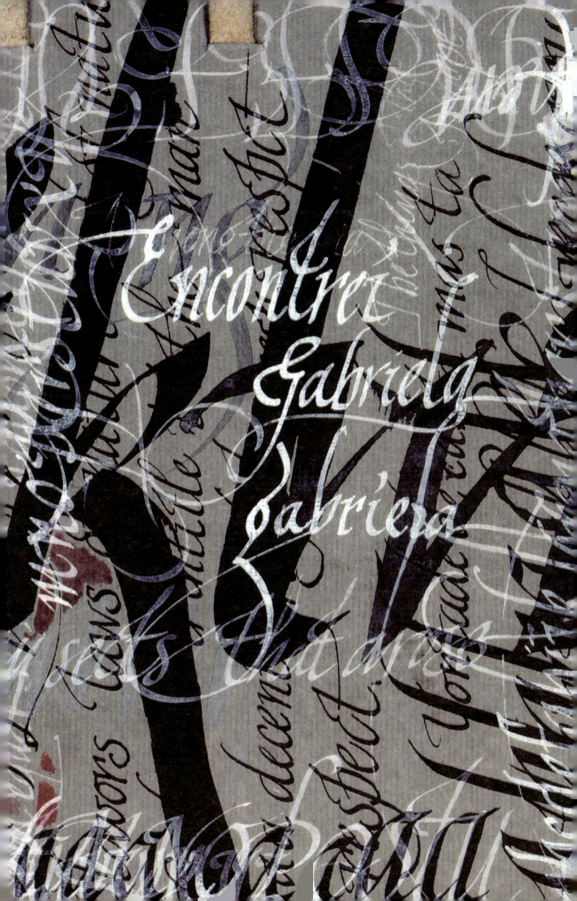

CAPITAIS ROMANAS

Datam de mais ou menos 2 mil anos atrás e representam a origem de todas as formas de letras ocidentais, maiúsculas ou minúsculas, escritas ou impressas. São letras imponentes, muito bem desenhadas, e foram amplamente utilizadas nos monumentos erguidos para registrar as conquistas do Império Romano.

ABCDEFGHIJKLMN
OPQRSTUVWXYZ

CAPITAIS RÚSTICAS

Versão para pena das Capitais Romanas. São um exemplo de letras grandiosas e foram usadas do século II até o século VI, para os livros mais importantes.

ABCDEFGHIJKLMN
OPQRSTUVWXYZ

CAPITAIS QUADRADAS

Uma letra manuscrita usada para livros. Comprimida e de escrita rápida, exibe traços verticais muito finos, o que sugere que a pena foi segurada em um ângulo muito fechado. Essa escrita foi vista pela primeira vez num manuscrito papal do século I e sobreviveu até o século XVI. Era muito utilizada para livros de uso diário

ABCDEFGHIJKLMN
OPQRSTVVWXYZ

ROMANAS UNCIAIS E SEMIUNCIAIS

A mais antiga escrita para livros cristãos, que evoluiu do século IV e permaneceu na literatura de mão de livros finos do século V até o século VIII. As Romanas Unciais são frequentemente referidas como as "Capitais do Calígrafo". Linhas simples e formas redondas substituem as formas angulares das Romanas Quadradas. As Semiunciais Romanas são uma mescla entre as unciais e as letras cursivas. Sua escrita marca o momento de transição entre as capitais e as minúsculas.

ABCDEFGHIJKLMN
OPQRSTUVWXYZ

FUNDAMENTAL REDONDA (FOUNDATIONAL HAND), MINÚSCULA ROMANA OU MINÚSCULA HUMANISTA

Desenvolvida por Edward Johnston no início do século XX, essa caligrafia é baseada em manuscritos da Idade Média (Carolíngias do século XI). É a letra padrão para calígrafos iniciantes e também serve de base para o que chamamos hoje de minúsculas romanas.

abcdefghijklmn opqrstuvwxyz

CHANCELERESCA

Durante o período inicial da Renascença italiana, estudantes florentinos descobriram manuscritos em Minúsculas Carolíngias do século IX, copiaram-nas e adaptaram-nas para uso próprio. Uma das adaptações originou os tipos romanos modernos. Outro tipo desenvolvido por eles foi a Itálica Formal, floreada na Itália e na Espanha durante os séculos XV e XVI. A forma da Itálica é essencialmente o resultado do ritmo da escrita, que é muito mais rápido que a Romana Minúscula. O ritmo veloz causa uma compressão lateral e estreitamento das linhas e um "O" elíptico.

ABCDEFGHIJKLMN OPQRSTUVWXYZ

TEXTURA

Escrita gótica, surgida na Europa no século XII, é também conhecida como Escritura Abastonada, Letra Negra ou Inglês Antigo. Seu nome é proveniente da textura característica que produz as formas das letras vericais e uniformes. Era amplamente utilizada em livros oficiais dos Estados europeus, em particular os estados germânicos e saxões, pois, em virtude de seu estilo vertical e comprimido, proporcionava rapidez e economia de papel.

abcdefghijklmn o pqrstuwxyz

BASTARDA

A Bastarda é uma escritura intermediária entre as manuscritas cursivas latinas e a gótica cursiva dos séculos VIII e XIV. Esse tipo de escrita mantém características de estilos distintos, que contemplam as linhas retilíneas e abruptas da Fraktur com as curvas sinuosas das Romanas. Existem versões de escritas bastardas espanholas, francesas, italianas e holandesas. A Bastarda foi recriada em vários momentos posteriores, como no barroco no século XVI e início do século XX.

abcdefghijklmn opqrstuuvwwxyyz

Páginas 108, 109, 110 e 111, caligrafia por Cláudio Gil.

ABCDEFGHIJKLMNOPQR
STUVWXYZ0123456789
abcdefghijklmnoprstuvwxyz

Kabel.

ABCDEFGHIJKLMNOPQR
STUVWXYZ 1234567890 &
abcdefghijklmnopqrstuvwxyz

Jessen.

ABCDEFGHIJKLMNOPQR
STUVWXYZ0123456789
ABCDEFGHIJKLMNOPRSTUVWXYZ

Neuland.

Rudolf Koch

Entre os grafistas mais importantes está Rudolf Koch. Graças à sua habilidade para ensinar e comunicar, Koch influenciou não apenas a sua geração, mas todos os designers de tipos. Rudolf Koch foi um artista multitalentoso, era um excepcional ilustrador, designer de livros, de fontes e calígrafo. Apesar de metade de seu trabalho de tipos ser variação da German Blackletter, Koch criou um vasto trabalho de maravilhosas fontes durante sua exploração do design de tipos e caligrafia. Koch tinha uma visão artística que explodia em sua energia criativa e espontaneidade pura, que aparece em todo o seu trabalho. Ele desenhou mais de vinte famílias tipográficas, incluindo a Kabel, Neuland, Koch Antiqua, Prisma, Jessen Schrift e Wilhelm Klingspor Schrift. Koch era também profundamente envolvido no design de ícones, compreendendo imagens religiosas (símbolos cristãos) e seculares (livros dos símbolos). Por meio de sua trajetória de vida, Rudolf Koch se tornou um dos mais influentes artistas gráficos de sua geração. Ele seguiu o modelo de William Morris, de Artes e Ofícios aplicados.

Como um catalisador criativo, professor e amigo, alcançou e tocou pessoas talentosas como Warren Chapel, Fritz Kerdel, Berthold Wolpe, Victor Hammer, Hermann Zapf e muitos outros. Rudolf Koch publicou várias jóias tipográficas, incluindo *Who is Victor Hammer?*, *The Little ABC Book*, *The Book of Flowers*, e, o mais famoso de todos, *The Typefoundry in Silhouette*, que desvenda a história da tipografia, que foi escrita e ilustrada por Koch.

ABCDEFGHIJKL
MNOPQRSTUV
WXYZ0123456789
abcdefghijklmn
opqrstuvwxyz

Times New Roman.

Times New Roman corpo 100 comparada com Bodoni também corpo 100, demonstrando o melhor aproveitamento do espaço.

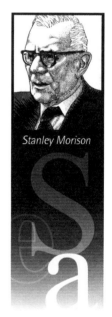

Stanley Morison

    Stanley Morison (1889-1967) nasceu em Wanstead (Inglaterra). Depois que seu pai, um vendedor viajante, abandonou a família, o jovem Morison largou os estudos e começou a trabalhar como entalhador. Seu grande salto foi em 1913, quando começou a trabalhar como assistente editorial com Gerard Mynell, o editor da revista Imprint. Em 1914, durante a Primeira Guerra Mundial, foi encarcerado por ativistas como espião. Foi supervisor de desenho da Pelican Press, por muitos anos. Em 1921, se associou a Cloister Press e foi um dos membros fundadores da Fleuron Society, como editor de sua revista de tipografia The Fleuron. Foi nessa revista que publicou seus famosos "Princípios Fundamentais da Tipografia". Em 1923, iniciou na Monotype Corporation um vasto programa de recuperação dos tipos clássicos, assim como da imprensa da Universidade de Cambridge.

    Em 1929, Morison cria a marca para o The Times e também o seu tipo mais famoso: Times New Roman. De 1935 a 1952, edita a história do The Times e, durante os anos de 1945 a 1947 o suplemento literário periódico. Desde 1961 até sua morte em 1967, aos 78 anos, trabalhou como membro da equipe editorial da *Enciclopédia Britânica*. A influência de Morris na tipografia é vista em quase todas as publicações hoje em dia. A letra Times New Roman inovou, pois Morison a desenhou aumentando o olho da letra e deixando as ascendentes e descendentes com seus tamanhos reduzidos. Dessa forma, uma letra corpo 8 parecia maior do que o era na realidade. O texto do jornal podia então ser composto em corpo menor. Consequentemente, era possível encaixar um número maior de linhas na mesma área disponível, ocasionando grande economia de papel.

ABCDEFGHIJKLMNOPQRSTUVWXYZ0123456789
abcdefghijklmnopqrstuvwxyz

Futura Bold.

ABCDEFGHIJKLMNOPQRSTUVWXYZ0123456789
abcdefghijklmnopqrstuvwxyz

Futura Light.

AABCDEEFGHIJKKLMMNNOPQRSTUVWWXYZ1234567890
abcdefghijklmnopqrstuvwxyz

Topic.

Paul Renner

Outro grande tipógrafo responsável por uma das famílias mais celebradas em todos os tempos foi Paul Renner. Trabalhou como desenhista gráfico, tipógrafo, pintor e professor. Renner criou a letra Futura em 1927, exemplo máximo das letras geométricas sem serifa. Nasceu na Alemanha, em 1878. Trabalhou como desenhista gráfico, tipógrafo, pintor e professor. Estava diretamente relacionado com o movimento Bauhaus dos anos 1920, e assim, passou a defender suas posturas e transformar-se em um fervoroso defensor da nova tipografia. Em 1926, é nomeado diretor da Escola de Ofícios de Impressão em Munique e também torna-se cofundador e diretor da Escola de Mestres para impressores alemães. Perseguido pelos nazistas, seus estudos tipográficos e criações funcionalistas foram considerados subversivos e Renner, tachado de "bolchevique cultural", foi condenado a nunca mais conseguir um emprego regulamentado na Alemanha.

Sua principal contribuição foi o tipo Futura, que desenhou no período de 1924 a 1926. Ele é baseado em formas geométricas, representativas do estilo visual da Bauhaus dos anos 1919-1930, e prontamente passou a ser considerado um tipo da nova tipografia. A princípio, a fundição Bauer emitiu Futura com seis pesos distintos, e com licença a Fundição Deberny & Peignot a editou na França sob o nome de Europa. Paul Renner morreu em 1956 e seus desenhos originais do tipo Futura podem ser contemplados na Fundição Tipográfica Neufville, de Barcelona.

ABCDEFGHIJKLMNOPQ
RSTUVWXYZ0123456789
abcdefghijklmnopqrstuvwxyz

Franklin Gothic.

ABCDEFGHIJKLMN
OPQRSTUVWXYZ
abcdefghijklmnopq
rstuvwxyz0123456789

Broadway.

ABCDEFGHIJKLMNOPQRST
UVWXYZ & abcdefghijklmn
opqrstuvwxyz 1234567890

Stymie.

Morris Fuller Benton nasceu em 30 de novembro de 1872 em Milwaukee, Wisconsin (EUA). Aos 11 anos já fazia pequenos trabalhos de impressão, como bilhetes de entradas, folhetos e recibos para seus vizinhos, em uma pequena oficina tipográfica que montou na casa de seus pais.

Formou-se em 1896 como engenheiro e poucos meses mais tarde se incorporou à American Type Founders (ATF), como ajudante de seu pai, Linn Boyd Benton, aplicando também seus conhecimentos mecânicos no campo da maquinaria das artes gráficas.

Em 1900, Benton passou a ser desenhista chefe da ATF, cargo que exerceu até sua saída, em 1937, aos 65 anos. Sua vida profissional caracterizou-se por combinar a criatividade do tipógrafo com a precisão do engenheiro.

Benton desenvolveu por volta de duzentas fontes, todas publicadas pela ATF, incluindo Century Expanded (1900), Linotex (1901), Cheltenham (1904), News Gothic (1908), Century Oldstyle (1908-1909), Hobo (1910), Souvenir (1914), Clearface (1919), Parisian (1928), Novel Gothic (1928), Chic (1928), Modernique (1928), Broadway (1928), Bulmer (1928), Bank Gothic (1930), American Text (1932), Tower (1934), Phenix (1935), Century Roman (com Teodor Low de Vinne, 1885), Alternate Gothic (1903), Franklin Gothic (1903-1912), um exemplo de sistematização no desenho de letras.

Benton morreu em 1948, em Morristown (EUA). Ed Benguiat cita Benton como o maior sistematizador de todos os designers de tipos.

Morris Fuller Benton

ABCDEFGHIJKLMNOPQR
STUVWXYZ 1234567890
abcdefghijklmnopqrstuvwxyz

Sabon.

DISTINGUISHED ELOCUTIONIST 3
The Local Government Examiner

Transito.

*Eigenart voll Vornehmheit und Eleganz
zutage, die sie weit erhebt über
alles Hergebrachte und Alltägliche.
Wer eindrucksvoll und doch voll Milde*

Saskia.

Jan Tschichold

Jan Tschichold (1902-1974) nasceu em Leipzig. Aos 12 anos, visitou a Internationale Asstellung für Buchegewerbe und Graphik, mais conhecida como Bugra, feira realizada naquela cidade em 1914 e que mostrava um panorama do desenho editorial alemão daquele momento. Estimulado com o que tinha visto, Tschichold decidiu tornar-se professor de desenho, e para isso mudou-se para Grimma, uma cidade próxima a Leipzig, onde poderia iniciar seus estudos. Publicou o *Typographische Mitteilungen*, uma espécie de manifesto sob o título de *Elementare Typographie*, que ditava uma série de princípios inovadores. Conheceu a obra de Rudolf von Larisch sobre letras ornamentais e começou a interessar-se por técnicas para a criação de lâminas de corte, o que terminou por desviá-lo definitivamente para o desenho de tipos de letras. Seus conhecimentos de francês e latim, adquiridos em Grimma, serviram muito para introduzi-lo na tipografia clássica. Depois, passou à Escola de Artes e Ofícios de Dresden e, mais tarde, regressou a Leipzig para ter aulas noturnas de rotulação. Entre 1921 e 1925, desenhou numerosos cartazes caligráficos e começou a ser conhecido como calígrafo e rotulista até fora da Alemanha.

Tschichold foi responsável pela reestruturação da Penguin Books, uma das maiores editoras do mundo na época, padronizando mancha, papel, corpos na tipografia e fontes. Seu trabalho provocou grande economia nos meios de produção da empresa. Sua fonte mais famosa chama-se "Sabon" (1964).

ABCDEFGHIJKLMNOPQRSTUVWXYZ 0123456789
abcdefghijklmnopqrstuvwxyz
Zapfino.

ABCDEFGHIJKLMNOPQRSTUVWXYZ0123456789
abcdefghijklmnopqrstuvwxyz
Optima.

ABCDEFGHIJKLMNOPQRSTUVWXYZ 0123456789
abcdefghijklmnopqrstuvwxyz
Optima Nova Italic.

Hermann Zapf nasceu em 8 de novembro de 1918 em Nuremberg, Alemanha. Em 1934, começa a aprendizagem de quatro anos como corretor na empresa Karl Ulrich & Co. Em 1935, ele se interessa pela caligrafia depois de visitar uma exposição itinerante dos trabalhos do tipógrafo Rudolf Koch e de ler os livros *The Skill of Calligraphy*, do próprio Rudolf Koch, e *Writing, Illuminating and Lettering*, de Edward Johnston. Em 1938, depois de seu período de aprendizagem, começa a trabalhar na oficina de Paul Koch, em Frankfurt, estudando ao mesmo tempo a arte da impressão e a gravação de cunho com August Rosenberg, que era um mestre gravador. Com a colaboração de Rosenberg, Zapf produz um livro de 25 alfabetos caligráficos, que foi publicado por Stempel em 1949. Em 1950, Zapf escreveu o livro *Pen and Graver* e foi descoberto pela comunidade de designers da época. Do mesmo modo, Hermann Zapf publicou uma série de livros sobre seu tema favorito: o desenho de letras e a tipografia. Nicolete Gray me contou que no ano de 1958 Zapf estava estudando a diversidade das serifas existentes e, caminhando na igreja de S. M. das Flores em Florença, notou que as letras incrustadas no mármore do chão tinham suas serifas diferentes em função das dificuldades impostas pelo material. Essas letras o inspiraram a criar a família "Optima" primeiramente chamada "Nuova Antiqua", rebatizada como "Optima" em razão de seu sucesso, que dura até os dias de hoje. A Optima só recebeu a sua forma itálica na década de 1990, quando o designer Akira kobayashi o ajudou a desenvolvê-la.

Hermann Zapf

Letras incrustadas em mámore no chão da Catedral de Santa Croce, Florença, e abaixo a fonte Optima.

ABCDEFGHIJKLMN OPQRSTUVWXYZ & 1234567890 abcdefgh ijklmnopqrstuvwxyz

Johnston Railway Type.

Letra semiformal de Edward Johnston.

Edward Johnston

Em 1916, Edward Johnston criou a letra Johnston Railway Type, encomendada pelo sistema de transportes inglês. Essa letra tinha como característica principal alta legibilidade a distância e suas proporções são clássicas, ao contrário das grotescas do século XIX. Inicialmente rejeitada, considerada uma letra deselegante, a letra de Johnston logo se impôs pela sua alta legibilidade a distância. Johnston foi professor do Central School of Arts & Crafts (hoje Central St. Martin's School of Art & Design) e depois do Royal College of Arts, grandes centros de estudos tipográficos até hoje.

Seu pupilo Eric Gill criou em 1928 a letra Gill Sans, sob encomenda, para atender à demanda de alfabetos de alta legibilidade a distância, já que a letra de Johnston não podia ser comercializada por pertencer ao sistema de transportes inglês, que a utiliza até hoje nos ônibus e trens. A Gill Sans tem excelente legibilidade a distância e uma aparência moderna. Suas proporções também são clássicas, diz-se que Gill Sans é a letra de Edward Johnston bem mais leve e elegante. As maiúsculas foram baseadas em um alfabeto criado por Gill para a logomarca de uma livraria de Bristol. A família Gill Sans tem muitos símbolos em função de sua aplicabilidade em tabelas. Sua performance também é alta para leitura em textos. Gill Sans é considerada pelos ingleses a sua melhor fonte, apesar de ser tida como muito conservadora pelos alemães. Gill também criou, entre outras, Perpetua e Joanna.

Eric Gill foi um dos maiores intelectuais da tipografia. Escreveu muitos livros fundamentais para a compreensão das artes gráficas e ficou conhecido em toda a Inglaterra por suas esculturas para a sede da BBC, em Portland Place, e para a Catedral de Westminster.

ABCDEFGHIJKLMNOPQRS TUVWXYZ 1234567890
abcdefghijklmnopqrstuvwxyz

Perpetua.

ABCDEFGHIJKLMNOPQR STUVWXYZ0123456789
abcdefghijklmnopqrstuvwxyz

Gill Sans.

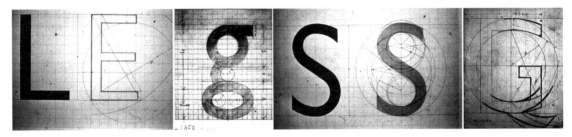

Esboços de Gill para o Gill Sans.

Eric Gill

    Eric Gill, que nasceu em 22 de fevereiro de 1882, em Brighton, Inglaterra, estudou na escola de arte de Chichester, e com 17 anos se empregou como aprendiz de W. H. Caroë, arquiteto da Comissão Eclesiástica em Westminster. Na Central School of Arts & Crafts, assistiu a aulas de caligrafia e em um curto período tornou-se um considerado artesão. Gill esculpiu letras em pedra e madeira para os títulos das capas dos livros. Começou a desenhar tipos para a imprensa somente depois de um grande trabalho de persuasão exercido por Stanley Morison, já que ele dizia que a tipografia não era seu campo de atuação e não tinha nenhuma experiência sobre o tema. Ainda que durante sua vida ativa tenha desenhado outros tipos, os mais conhecidos permaneceram sendo Gill Sans e Perpetua.

    Em 1931, criou o tipo Golden Cockerel Roman e outros gravados em madeira, que são utilizados para a produção de *Four Gospels*, uma peça-chave na imprensa inglesa. Durante o mesmo ano, publicou seu *Essay on Typography*, usando seu próprio tipo Haghe & Gill Joanna. Gill era comparado a um Leonardo da Vinci do século XX. Inventou todo tipo de equipamentos e máquinas, desenhava locomotivas e orgulhava-se de seu tipo Gill Sans estar na frente da famosa locomotiva The Flying Scotsman.

    Eric morreu em 17 de novembro de 1940.

ABCDEFGHIJKLMNOPQ
RSTUVWXYZ0123456789
abcdefghijklmnopqrstuvwxyz

Helvetica.

ABCDEFGHIJKL
MNOPQRSTUVW
XYZ1234567890

Horizontal.

ABCEEFGHIJKLMNOPQR
STUVWXYZ 1234567890

Pro Arte.

Max Miedinger (1910-1980) nasceu em Zurique, na Suíça. Ao mesmo tempo que trabalhava como tipógrafo, tomava aulas na Escola de Artes e Ofícios de Zurique, para mais tarde tornar-se representante comercial da Fundição Haas. Aos 46 anos tornou-se desenhista freelance, apesar de preferir vender fontes a desenhá-las. Sua produção como designer de tipos é escassa. Em 1956, Miedinger recebeu o encargo de Edouard Hoffman, da Fundição Haas, de criar um tipo sem serifa mais moderno para a empresa. O tipo era o Haas Grotesk, baseado no Akzidenz Grotesk da Fundição Berthold, feito no século XIX. Miedinger desenhava enquanto Hoffman supervisionava. De 1957 até 1961 o tipo conservou seu nome original, "Neue Haas Grotesk", mas mudou o nome para Helvetica quando a Fundição Stempel adquiriu os direitos originais da fonte e então foi desenvolvida uma série completa de pesos. Helvetica é uma das fontes de maior sucesso no mundo. Nos anos 1960 e 1970 foi usada como símbolo do modernismo ainda que seu desenho trouxesse resquícios do período anterior. Helvetica é uma família extremamente versátil, tanto para uso em textos e chamadas como a distância. Foi considerada a letra símbolo do bom desenho industrial. A versão original da Helvetica é ligeiramente mais larga do que a versão original da Univers, sua maior rival, essa, sim, legítima representante do grafismo moderno que apareceu a partir dos anos 1960. A fonte Arial, criada por razões mercadológicas, é uma substituta da Helvetica com pequenas diferenças nas terminações e curvas, porém desempenho e aparência muito semelhantes. Graças à Helvetica, Max Miedinger gravou seu nome na história.

ABCDEFGHIJKLMNOPQ
RSTUVWXYZ0123456789
abcdefghijklmnopqrstuvwxyz

Univers 55.

ABCDEFGHIJKLMNOPQ
RSTUVWXYZ0123456789
abcdefghijklmnopqrstuvwxyz

Frutiger.

ABCDEFGHIJKLMNOPQ
RSTUVWXYZ0123456789
abcdefghijklmnopqrstuvwxyz

Serifa.

Adrian Frutiger nasceu em 24 de março de 1928, em Unterseen, Suíça. Começou a trabalhar como aprendiz na oficina tipográfica de Otto Schaeffi ao mesmo tempo que foi para a Escola de Artes e Ofícios de Zurique. Em 1951, desenvolveu um estudo sobre a escrita ocidental que mereceu um prêmio do Ministério do Interior da Suíça. Seu trabalho chegou aos ouvidos de Charles Peignot, da Fundição Deberny & Peignot, onde trabalhou durante nove anos. Nos anos 1950, Frutiger supervisionou a adaptação de muitas fontes clássicas para Deberny & Peignot, e em 1955 desenhou a fonte "Meridien" para o sistema. Abandonou a Fundição em 1960 para abrir seu próprio estúdio próximo a Paris. Sua primeira conquista no desenho tipográfico foi a criação da fonte "Univers" para composição em metal e para fotocomposição ainda em 1957, quando era aluno da Escola de Artes e Ofícios de Zurique. Frutiger é o criador do sistema numérico para diferenciar os 21 pesos e larguras da Univers, hoje utilizado em todas as fontes romanas do mundo assim como em alfabetos de outras culturas, como o kanji e o hebraico. É o designer tipográfico de mais sucesso em todo o mundo, apesar de ter tentado a carreira de pintor e fracassado antes de desenhar tipos. Sua fonte mais recente, "Frutiger", beira a perfeição, tanto para leitura a distância como para textos.

Adrian Frutiger

Univers, a mais legítima representante do bom desenho dos anos 1960 até 1990, é facilmente diferenciada da Helvetica pelas letras G e Q caixa-alta, bem mais elegantes, além de cortes em diagonal em algumas terminações da caixa-baixa, enquanto os cortes da Helvetica são horizontais.

ABCDEFGHIJKLMNOPQR
STUVWXYZ0123456789
abcdefghijklmnopqrstuvwxyz

Eurostile.

ABCDEFGHIJKLMNOPQRSTUVWXYZ
abcdefghijklmnopqrstuvxyzw 1234567890

Oscar.

ABCDEFGHIJKLMNOPQR
STUVWXYZ0123456789
abcdefghijklmnopqrstuvwxyz

Slogan.

ABCDEFGHIJKLMNOPQRS
TUVWXYZ0123456789

Stop.

Aldo Novarese

Aldo Novarese nasceu em 29 de junho de 1920, em Pontetura Monferrato, Itália. Entre 1931 e 1933, iniciou seus estudos na Scuola Arteri Stampatori, em Turim, onde aprendeu a fazer cortes em tipos, gravuras em cobre e litografia.

No período de 1933-1936, ingressou na Scuola Tipografico Giuseppe Vigliandi Paravia, em Turim. Em 1936, iniciou seu trabalho em fundição de tipos como desenhista industrial. Em 1938, é premiado com medalha de ouro na competição nacional de artes Ludi Juveniles.

De 1948 a 1958, passou a ensinar desenho gráfico na Scuola Vigliandi Paravia, onde estudou. De 1952 em diante, tornou-se diretor de arte da fundição de Tipos Nebiolo. Em 1956, é premiado com medalha de ouro na Feira Industrial de Milão.

Em 1975, deixou a fundição de tipos Nebiolo e passou a atuar como designer de tipos freelance. Foi premiado com o Compasso d'Oro em 1979.

Aldo Novarese morreu em 16 de setembro de 1995, em Turim, onde ainda atuava como mestre e designer de tipos.

Suas fontes são: Landi Linear (1943), Eigno (1954), Fontanesi (1954), Egizio (1955-1958), Juliet (1955), Ritmo (1955), Garaldus (1956), Slogan (1957), Recto (1958-1961), Estro (1961), Eurostile (1962), Forma (1966), Magister (1966), Metropol (1967), Stop (1971), Lapidar (1977), Fenice (1977-1980), Novarese (1978), Expert (1983), Colossal (1984), ITC Symbol (1984), ITC Mixage (1985), Arbiter (1989).

AAABCDEFGHIJKLMMNOPQR
STUVVVWWXYZ 1234567890
CACEAFARGAHTKALALNTRRASSTTHUT
abccdeefghijklmnopqrsttuvvvwwxyyz

Avant Garde.

ABCDEEFGHIJKLLMNOPQRSTUVWXYZ
aabcdeeffghijkklmnopqrrssttuvwxyzz

Serif Gothic.

ABCDEFGHIJKLMNOPQRSTUVWXYZ

Lubalin Graph.

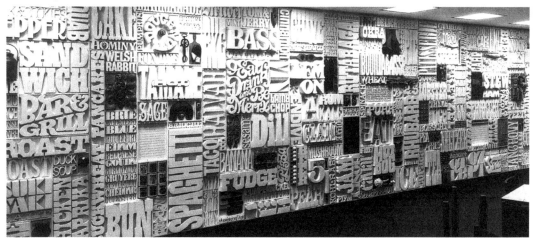

Herb Lubalin (1918-1981) criou a Avantgarde (1970), um marco no desenho de letras, pois oferecia mais de uma variação para cada letra do alfabeto, fazendo com que o usuário pudesse optar entre uma das variações e se transformasse em um designer criativo. Era um grande intelectual da tipografia americana. Ele adorava a Era Vitoriana e colecionava pôsteres art nouveau muito antes de se tornar moda. Adorava móveis decorados de madeira natural e trabalhava profissionalmente em carpintaria.

Lubalin trabalhou com Lou Dorfsman em muitos projetos para a CBS. O mais espetacular foi a parede tridimensional para o restaurante *self-service* da CBS. A ideia foi de Dorfsman. Depois de resolver os problemas de engenharia, construção e medições, Dorfsman contratou Lubalin para executar layouts em escala para todos os painéis da parede. Herb trabalhou em maquetes de painéis individuais, criando áreas vazadas nas quais Dorfsman pretendia incluir formas tridimensionais de comida. Quando os layouts eram aprovados, Herb pedia a Tom Carnase que desenvolvesse os intrincados desenhos dos tipos manuscritos por ele criados. Desde sua inauguração, vários artigos surgiram para descrevê-la. A parede prende a visão – um exemplo visual do que pode ser alcançado por designers que utilizam a energia criativa para polir sua arte. Outros tipos de Lubalin: Lubalin Graph (1974) e Serif Gothic (1974).

Herb Lubalin

ABCDEFGHIJKLMNOPQR
STUVWXYZ0123456789
abcdefghijklmnopqrstuvwxyz

Cascade Script.

ABCDEFGHIJKLMNOPQR
STUVWXYZ0123456789
abcdefghijklmnopqrstuvwxyz

ITC Galliard.

ABCDEFGHIJKLMNOPQR
STUVWXYZ0123456789
abcdefghijklmnopqrstuvwxyz

Gando Ronde.

Mathew Carter

Outro desenhista de tipos a merecer referência é o inglês Mathew Carter, que nasceu em Londres, em 1937. Após os estudos, trabalhou para a famosa fundidora holandesa Enschedé, onde estudou a gravação. Depois de regressar a Londres, começou a desenhar tipos e alfabetos, e por volta de 1963 passou a ser colaborador da Crosfield Electronics (Lumitype). Em 1965, Carter entrou para a Mergenthaler e desenhou o ITC Galliard utilizando esboços dos originais do tipo criado pelo tipógrafo francês Robert Granjon, que trabalhou em Paris no século XVI e que colaborou com Garamond. Resultou daí um tipo de letra bem contrastada nos grossos e finos, com um grande olho de letra e uma itálica de contornos caligráficos e muito boa legibilidade. Mathew Carter criou e lançou, em 1993, outro tipo de letra, que denominou de Mantinia e que já é famoso, constituído exclusivamente por versais, com alguns caracteres a apresentar-se elevados ou reduzidos e com belas ligaduras. Esse tipo, que pode ser combinado com o ITC Galliard, foi homenagem sua ao pintor e gravador italiano Andrea Mantegna, que viveu entre 1431 e 1506.

Carter criou também uma fonte para a Empresa AT&T para uso exclusivo em catálogos de telefones, que tinha mais legibilidade mesmo utilizando menos espaço, o que suscitou uma economia considerável de papel e de tempo de consulta, já que a fonte foi criada para ser lida em pequenos corpos, com a maior rapidez possível e o mínimo de erros.

ABCDEFGHIJKLMNOPQR STUVWXYZ0123456789 abcdefghijklmnopqrstuvwxyz

Benguiat.

ABCDEFGHIJKLMNOPQRSTU VWXYZ0123456789 abcdefghijklmnopqrstuvwxyz

Benguiat Gothic.

ABCDEFGHIJKLMNOPQR STUVWXYZ0123456789 abcdefghijklmnopqrstuvwxyz

Bauhaus.

Ed Benguiat talvez seja o designer tipográfico que mais fontes desenhou em todo mundo. Com mais de seiscentos alfabetos criados, não há um computador no mundo que não tenha em seu HD pelo menos algumas fontes criadas por Benguiat. Ele começou sua carreira de designer ajudando seu pai, diretor de vitrines da loja Bloomingdale's. Com a chegada da Segunda Guerra Mundial, Benguiat aumentou sua idade para poder alistar-se como piloto. Ao voltar aos EUA, Ed trabalhou como percussionista em *big bands*, sendo eleito pela revista DownBeat o segundo melhor percussionista de *jazz* dos EUA. Estudou na Workshop School of Advertising Art para tornar-se ilustrador. Trabalhou ainda bem jovem no estúdio de Raymond Loewie. Durante muitos anos, trabalhou na International Typeface Corporation (ITC) com Herb Lubalin, Aaron Burns e Ed Rondthaler, onde desenhou centenas de fontes como tipos psicodélicos, manuscritos, modernos, antigos e redesenhos. Também desenhou para a ITC baseando-se nas três formas básicas enviadas por Max Miedinger, aproximadamente vinte variações da Helvetica que até hoje são utilizadas. Sua mais famosa fonte leva seu nome. Entre os anos 2002 e 2006, a Benguiat foi a fonte mais utilizada no Brasil. Foi logotipo de novela na Rede Globo ("A Casa das Sete Mulheres"), em todo tipo de aplicações comerciais, desde pequenos avisos de rua até grandes empresas. Criou também marcas famosas, como AT&T, Lincoln Center, Esquire, Sports Illustrated, New York Times, filmes como "O Planeta dos Macacos", "Batman", "Superfly" e muitos outros. Entre as mais de 600 fontes desenhadas por Ed Benguiat, estão redesenhos para a ITC de quase todos os clássicos de outros autores como Helvetica, Souvenir, American Typewriter, Schoolbook, Bodoni, Garamond, Franklin Gothic e muitas outras além das suas mais conhecidas como Benguiat, Korinna, Edwardian, Benguiat Gothic etc.

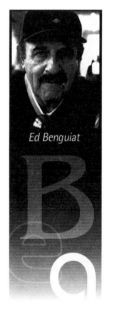

Ed Benguiat

ABCDEFGHIJKLMNOPQRSTUVWXYZ()?!

Type Face Five.

ABCDEFGHIJKLMNOPQRSTUVWXYZ ::
abcdefghijkllmnopqrsttuvwxyz!

Type Face Two.

ABCDEFGHIJKLMNOPQRST
UVWXYZ abcdefghijklmnopq
rstuvwxyz ?![.,;:"](/)1234567890

Blur.

Neville Brody

Neville Brody nasceu em 1957, em Londres. De 1976 a 1979, estudou design gráfico no London College of Printing, um dos maiores centros de pesquisa, impressão e criação tipográfica de toda a Inglaterra.

A natureza de seu trabalho pouco ortodoxo no design gráfico e tipográfico colocou-o em choque com os pontos de vista tradicionalistas de alguns de seus professores, que achavam seu trabalho muito investigativo e nada comercial. Quando ainda estava estudando, Brody já fazia trabalhos profissionais que muito se distanciavam do estilo "vigente" do London College of Printing. O dadaísmo e, por extensão, a pop art exerceram forte influência no processo de construção da personalidade de Neville Brody.

Desde os anos 1980, Brody previa a ascensão do "tribalismo", que ele dizia ser primitivismo moderno. Man Ray, Laszlo Moholy-Nagy e Alexander Rodchenko também influenciaram Brody em seu trabalho.

Desde o começo, Brody se preocupava profundamente com a influência que os meios de comunicação exercem em nossa sociedade. The Face foi a revista que o converteu em um dos designers mais admirados das últimas décadas. Nessa revista, Brody desenvolveu uma nova linguagem gráfica que mais tarde aplicaria em outros meios.

Em 1987, o Macintosh vinha perdendo a força que o havia mantido na preferência dos designers. Brody revolucionou sua interface gráfica. Os tipos desenhados por Neville Brody na década de 1980 estão entre os mais utilizados em todo o mundo. Especializou-se em fontes estreitas que variavam entre o clássico e o moderno.

```
ABCDEFGHIJKLMNOPQR
STUVWXYZ0123456789
abcdefghijklmnopqrstuvwxyz
```
Modula Tall.

```
ABCDEFGHIJKLMNOPQR
STUVWXYZ0123456789
abcdefghijklmnopqrstuvwxyz
```
Matrix In Line Extra Bold.

```
ABCDEFGHIJKLMNOPQR
STUVWXYZ0123456789
abcdefghijklmnopqrstuvwxyz
```
Dogma.

Zuzana Licko

Zuzana Licko é cofundadora da Emigre, a mais moderna e inovadora revista especializada em tipografia dos EUA. Nasceu em Bratislava, ex-Tchecoslováquia, em 1961, e emigrou para os EUA em 1968. Formou-se em Design Gráfico na Universidade de Berkeley, em 1984.

Emigre foi fundada em 1984 por Licko e seu marido Rudy VanderLans, e atraiu a atenção dos críticos quando começou a utilizar as fontes digitais criadas para a primeira geração dos computadores Macintosh. A exposição dessas fontes na revista Emigre levou à fundação da empresa Emigre Fonts, uma fornecedora de tipos digitais que representa e distribui as fontes desenhadas por Licko e um grupo de designers pelo mundo.

Os tipos da designer Zuzana Licko vão de fontes para leitura de textos a fontes decorativas, temáticas e comerciais.

Em 1993, o editor nova-iorquino Van Nostrand Reinhold publicou a retrospectiva "Emigre: Design Gráfico no Reino Digital".

A revista Emigre tem sido o celeiro para o lançamento das fontes mais modernas da atualidade, assim como tem projetado novos desenhistas tipográficos no cenário do design.

Emigre foi incluída no primeiro "I. D. Forty", recebeu em 1994 o Chrysler Award por inovações no design, recebeu a medalha de ouro da edição de 1994 do American Institute of Graphic Arts e o primeiro Charles Nypels por inovações na tipografia.

TIPÓGRAFOS BRASILEIROS

BILLY BACON

ABCDEFGHIJKLMNOPQR
STUVWXYZ0123456789

Chiqueiro.

ABCDEFGHIJKLMNOPQR
STUVWXYZ0123456789
abcdefghijklmnopqrstuvwxyz

Jibóia.

abcdefghijklmnopqr
stuvwxyz0123456789
abcdefghijklmnopqrstuvwxyz

Xibiu.

CLÁUDIO RESTON

ABCDEFGHIJKLMNOPQR
STUVWXYZ0123456789
abcdefghijklmnopqrstuvwxyz

Blendada.

ABCDEFGHIJKLMNOPQR
STUVWXYZ0123456789
abcdefghijklmnopqrstuvwxyz

Embolia Lunar.

ABCDEFGHIJKLMNOPQR
STUVWXYZ0123456789
abcdefghijklmnopqrstuvwxyz

Massa Falida.

CLÁUDIO ROCHA

ABCDEFGHIJKLMNOPQR
STUVWXYZ0123456789
abcdefghijklmnopqrstuvwxyz

Sampa.

ABCDEFGHIJKLMNOPQR
STUVWXYZ0123456789

Feijoada.

ABCDEFGHIJKLMNOPQR
STUVWXYZ0123456789
AATCTENENTGEAEXJLALM
NCAPRSRASSTTTUENTAPASLSST

ITC Gema.

FÁBIO LOPEZ

ABCDEFGHIJKLMNOPQR
STUVWXYZ0123456789
abcdefghijklmnopqrstuvwxyz

Colonia Small Caps.

ABCDEFGHIJKLMNOPQR
STUVWXYZ0123456789
abcdefghijklmnopqrstuvwxyz

Giovana Bold Itálico.

ABCDEFGHIJKLMNOPQR
STUVWXYZ0123456789
abcdefghijklmnopqrstuvwxyz

Squeraway Serif Normal.

GUILHERME CAPILÉ

Brody Title.

ABCDEFGHIJKLMNOPQR
STUVWXYZ0123456789
abcdefghijklmnopqrstuvwxyz

Eh, uma sobremesa.

ABCDEFGHIJKLMNOPQR
STUVWXYZ0123456789
abcdefghijklmnopqrstuvwxyz

Montevideo Redondo Itálico.

GUSTAVO FERREIRA

ABCDEFGHIJKLMNOPQR
STUVWXYZ0123456789
abcdefghijklmnopqrstuvwxyz

Blesq Blom.

ABCDEFGHIJKLMNOPQRSTUVWXYZ
abcdefghijklmnopqrstuvwxyz

Eva.

ABCDEFGHIJKLMNOPQR
STUVWXYZ0123456789
abcdefghijklmnopqrstuvwxyz

Garamonga.

GUSTAVO PIQUEIRA

Autorama.

Nimuendaju.

Zzz.

JOSÉ BESSA

Angular.

Bacana.

Tecnocrata.

JÚLIO DUI

ABCDEFGHIJKLMNOPQR
STUVWXYZ0123456789
abcdefghijklmnopqrstuvwxyz

Havana.

ABCDEFGHIJKLMNOPQR
STUVWXYZ0123456789
abcdefghijklmnopqrstuvwxyz

Mandinga Bold Itálica.

ABCDEFGHIJKLMNOPQR
STUVWXYZ0123456789
abcdefghijklmnopqrstuvwxyz

Piercing Inline.

LEANDRO NOGUEIRA

ABCDEFGHIJKLMNOPQR
STUVWXYZ0123456789
abcdefghijklmnopqrstuvwxyz

Nadaco.

Noin.

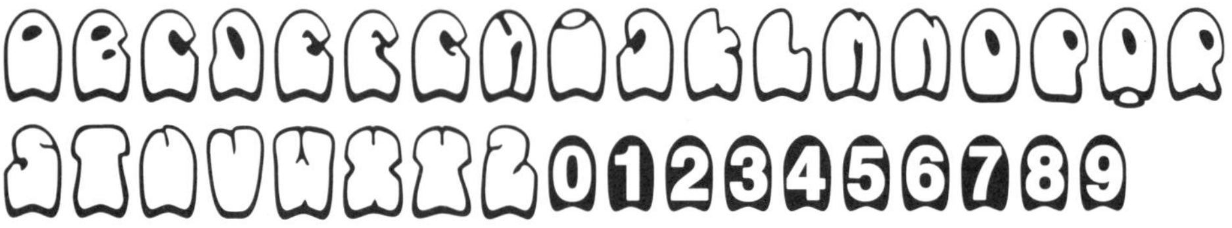

ABCDEFGHIJKLMNOPQR
STUVWXYZ0123456789

Pooh Outline.

LUCIANO CARDINALI

ABCDEFGHIJKLMNOPQR
STUVWXYZ0123456789
abcdefghijklmnopqrstuvwxyz

Atrophia.

ABCDEFGHIJKLMNOPQR
STUVWXYZ0123456789
abcdefghijklmnopqrstuvwxyz

Aknathon.

ABCDEFGHIJKLMNOPQR
STUVWXYZ0123456789

Ghentileza.

MARCIO SHIMABUKURO

ABCDEFGHIJKLMNOPQR
STUVWXYZ 0123456789
abcdefghijklmnopqrstuvwxyz

Boggy.

ABCDEFGHIJKLMNOPQR
STUVWXYZ0123456789
abcdefghijklmnopqrstuvwxyz

Blurdony Wind.

ABCDEFGHIJKLMNOPQR
STUVWXYZ0123456789
abcdefghijklmnopqrstuvwxyz

Heresia Down.

PRISCILA FARIAS

ABCDEFGHIJKLMNOPQR
STUVWXYZ0123456789
ABCDEFGHIJKLMNOPQRSTUVWXYZ

Seu Juca.

ABCDEFGHIJKLMNOPQR
STUVWXYZ0123456789
abcdefghijklmnopqrstuvwxyz

Square Curl.

ABCDEFGHIJKLMNOPQR
STUVWXYZ0123456789
abcdefghijklmnopqrstuvwxyz

Quadrata.

RAFAEL LAIN

abcdefghijklmnopqrstuvwxyz

Rivelino.

abcdefghijklmnopqr
stuvwxyz0123456789
abcdefghijklmnopqrstuvwxyz

Inverno.

ABCDEFGHIJKLMNOPQR
STUVWXYZ0123456789
abcdefghijklmnopqrstuvwxyz

Jurubeba.

TONY DE MARCO

ABCDEFGHIJKLMNOPQR
STUVWXYZ0123456789
abcdefghijklmnopqrstuvwxyz

Futura Vitima.

ДЪКdЄFGЊIJCЦШИФPQЯ
STЦVШЖЧZ0123456789
аbcdєfgћijklmnФpqrstцvшжчz

Pravda Black.

ABCDEFGHIJKLMNOPQR
STUVWXYZ0123456789
abcdefghijklmnopqrstuvwxyz

Splash.

WALTER MOREIRA NETO

ABCDEFGHIJKLMNOPQR
STUVWXYZ1234567890

W/Deco Cut.

ABCCDEFGHIJKLMNOPQR
STUVWXYZ1234567890

W/Greco.

ABCDEFGHIJKLMNOPQR
SSTUVWXYZ1234567890

W/Japa.

11. ALGUMAS INFORMAÇÕES PERTINENTES QUANTO ÀS LETRAS

As letras foram criadas para serem usadas em conjunto. Uma letra apenas não quer dizer muita coisa. Devem ser diferentes entre si, mas um alfabeto ou fonte, com as 26 letras, compõe uma família.

Apesar das diferenças entre cada uma, a estética dessas letras deve obedecer a um estilo, compondo, assim, uma família. Pode parecer estranho, mas as letras são diferentes e semelhantes ao mesmo tempo. As letras se classificam quanto à sua serifa em:

LETRAS COM SERIFA
LETRAS SEM SERIFA
LETRAS COM SERIFA EGÍPCIA
LETRAS FORA DE CLASSIFICAÇÃO
LETRAS DECORATIVAS
LETRAS CALIGRÁFICAS

11.1 Letras com serifa

Como já sabemos, a letra romana foi adaptada da escrita grega. As primeiras letras com serifa apareceram nas fachadas dos prédios romanos como um complemento à arquitetura clássica romana. Os romanos gostavam de enfatizar seu poder escrevendo nas fachadas.

As serifas podem ter sido criadas para combinar com os frisos e detalhes arquitetônicos dos prédios que enfeitavam. A arquitetura romana era ditada por regras rígidas de simetria e proporcionalidade que foram transportadas para as letras com serifa da caixa-alta, que têm os contornos regulares como a arquitetura clássica de Roma.

Goudy — Baskerville — Bodoni

Forma Antiga — **Forma Transicional** — **Forma Nova**

11.2 Classificação quanto ao tipo de serifa
Forma Antiga - Renascença, 1445. Essa letra coincide com o nascimento da Renascença. Os papéis duros e excessivamente texturizados, as prensas pouco precisas e as tintas deficientes resultaram em um acabamento tosco com serifas grossas e desenho libertário. A fonte desse período mais usada hoje em dia é a Garamond, recorde em alta legibilidade para textos, criada em 1540, bastante influenciada pela letra veneziana de Nicholas Jenson.

Forma Transicional - apareceu por volta de 1740 e suas serifas foram afinando à medida que a tecnologia ia progredindo, a ponto de permitir a impressão de detalhes cada vez menores. A ênfase nas letras foi ficando vertical, enquanto seu desenho foi ficando cada vez mais racional. A fonte Baskerville é a mais importante desse grupo.

Forma Nova - nascida em 1780, suas serifas apresentam-se finas, a impressão já permitia o registro de pequenos detalhes e o classicismo, em moda na época, se mostra também na tipografia. A fonte mais importante desse grupo é a Bodoni.

11.3 A letra sem serifa

A letra sem serifa aparece em 1814 com o nome de Annonce Grotesque, atrelada aos novos tempos que traziam seus grafismos associados à modernidade. Em 1832, a Grotesca ganha novas versões: fina, grossa, estreita etc. A princípio usadas de forma tímida em cartazes e na arquitetura, as sem serifa logo se estabeleceram de modo definitivo. São divididas em dois grupos: as geométricas, baseadas nas formas mais simples como o triângulo, o círculo e o quadrado, e que têm nas soluções geométricas a sua característica mais marcante; e as industriais, que veremos adiante.

ABCDEFGHIJKLMNOPQRSTUVWXYZ
abcdefghijklmnopqrstuvwxyz 0123456789

Fonte Futura.

A fonte Futura é a geométrica mais importante do grupo. A Universal, muito usada na Bauhaus, também ocupa lugar de destaque entre as geométricas. A fonte Avant Garde é outra geométrica das mais especiais.

O segundo grupo é o das industriais, letras feitas visando a um melhor desempenho. Corrigidas opticamente com o intuito de melhorar sua legibilidade, as letras industriais têm como característica uma grande quantidade de variações: estreitas, expandidas, bold, light, itálicas etc. As fontes Univers e Helvetica são as industriais mais usadas no mundo.

Fonte Helvetica.

11.4 Letras fora de classificação

Não se enquadram nos outros grupos, pois têm serifa indefinida.

ABCDEFGHIJKLMNOPQRSTUVWXYZ
abcdefghijklmnopqrstuvwxyz 0123456789

Fonte Optima.

11.5 Tipos decorativos

Podem variar de volume, peso, inclinação, tema. Não há limite para a criatividade humana.

Desde que o homem inventou a letra, os tipos decorativos são desenhados de acordo com a cultura, as normas estéticas vigentes etc.

11.6 Serifa egípcia

Recebeu esse nome porque Napoleão, ao invadir o Egito, usou letras com essa serifa para uma nova sinalização em francês na cidade do Cairo.

Serifa mais grossa ou da espessura da letra

11.7 Deformações e correções em letras para vídeo

O vídeo trouxe novas possibilidades e limitações para as letras, que sofrem arredondamentos nas quinas e nos bicos. A metodologia para a criação de fontes para vídeo tem que incluir testes na tela, correções, novos testes, correções e novos testes.

Quase todas as cadeias de televisão têm suas próprias fontes de uso, especialmente desenhadas para essa finalidade. Letras com serifa, de ótima legibilidade como Times New Roman, por exemplo, não são boas para vídeo. Suas partes finas "desaparecem", piorando sobremaneira a legibilidade. A variação das partes grossas e finas das letras não se apresenta bem em vídeo. Fontes como Eurostyle apresentam boa definição no vídeo por terem diagonais e curvas discretas e apenas uma espessura.

```
ABCDEFGHIJKLMNOPQR
STUVWXYZ0123456789
abcdefghijklmnopqrstuvwxyz
```

CBS News 36.

11.8 Legibilidade

"Legibilidade é aquilo que estamos acostumados a ver", afirmou Eric Gill. A palavra legibilidade (legibility) refere-se ao ato de enxergar o que está sendo mostrado. A palavra leiturabilidade (readability) refere-se a entender o sentido e o significado do que está escrito. Em termos de legibilidade, a economia na impressão não se refere à quantidade de papel gasta ou de horas-máquina. A economia em impressão se realiza quando o texto lido é rapidamente compreendido sem ruídos ou confusões.

Os estudos de legibilidade começaram no século XVIII. Descobriu-se que o olho se movimenta ao longo da linha em arrancões, e não num movimento suave. Esses movimentos são chamados de movimentos sacádicos. Entre dois movimentos sacádicos efetua-se uma parada chamada de pausa; nas pausas se faz o entendimento do que foi lido.

- Pessoas que leem mal fazem mais pausas. Os movimentos sacádicos tomam aproximadamente 6% do tempo de leitura, ao passo que as pausas ocupam 94% do tempo.
- Quando há falha na leitura, os olhos fazem um movimento de volta ao começo da linha chamado regressão. Pessoas que leem mal fazem mais regressões.
- As letras compõem-se de linhas retas verticais, horizontais, oblíquas e curvas. As letras cujas partes retas e curvas se misturam são mais legíveis do que as letras que só têm retas ou só têm curvas.
- Também descobriu-se que o olho capta uma palavra tão rápido quanto uma letra, e isso nos leva à conclusão de que a forma externa da palavra tem grande importância (visão periférica).
- Textos sem sentido são lidos mais lentamente do que textos com sentido.
- Um erro no começo de uma palavra é reconhecido com maior facilidade do que no fim da mesma palavra.
- A primeira metade de uma palavra é mais importante para a sua inteligibilidade do que a segunda.
- Quando se lê, o mecanismo de percepção consiste em estímulo (o ato de ler), preparação da resposta (o ato de entender) e resposta (entender o que foi lido e o ato de continuar a ler).
- A página impressa não tem significados, e sim símbolos que denotam significados.
- O leitor médio tem armazenadas na mente as formas externas de muitas palavras.
- A parte superior da letra nos dá mais elementos de identificação do que a parte inferior.

- Um contraste muito grande entre os grossos e os finos de uma letra piora a sua legibilidade.
- Letras corrigidas - as letras são construídas de modo que corrijam graficamente as deformações visuais existentes.

- A letra "a" em caixa-baixa com a parte superior virada (Univers) é mais legível do que a letra "a" sem ela (Futura).

      a   ɑ

- Os pingos nas letras "i" e "j" em caixa-baixa deveriam ser maiores e mais altos para uma boa legibilidade.

      i j   i j

- Os pontos, para ter boa legibilidade, deveriam ter 30% da altura da letra "o" e as vírgulas, 55%.

antes, depois.
antes, depois.

- A letra "t" em caixa-baixa não pode ter a parte inferior suprimida (virada)

      t   t

- Letras em caixa-baixa são mais legíveis para textos do que letras em caixa-alta.

em louvor ao entalhador de tipos. aldus, que antes dera à língua grega, agora dá aos tipos latinos entalhados pelas

EM LOUVOR AO ENTALHADOR DE TIPOS. ALDUS, QUE ANTES DERA À LÍNGUA GREGA, AGORA DÁ AOS TIPOS LATINOS ENTALHADOS PELAS

- Letras itálicas são menos legíveis do que as normais.

em louvor ao entalhador de tipos. aldus, que antes dera à língua grega, agora dá aos tipos latinos entalhados pelas

em louvor ao entalhador de tipos. aldus, que antes dera à língua grega, agora dá aos tipos latinos entalhados pelas

- Para crianças, os números da forma antiga são piores.
- Os números são lidos em mais tempo do que as letras e, quando agrupados em tabelas, os espaços entre eles os fazem mais legíveis do que linhas divisórias.
- Quanto mais colunas em tabelas, menos legibilidade haverá.
- Para textos, tamanhos maiores do que 12 pontos reduzem a velocidade de leitura.
- Os tamanhos entre 9 e 12 pontos são vistos com a mesma facilidade.

corpo 9

Em louvor ao entalhador de tipos. Aldus, que antes dera à língua grega, agora dá aos tipos latinos entalhados

corpo 12

Em louvor ao entalhador de tipos. Aldus, que antes dera à língua grega, agora dá aos tipos latinos entalhados

- O tamanho ideal da linha deverá ter entre 60 e 70 caracteres.

A linha de texto ideal tem entre 60 e 70 batidas. Nunca se esqueça disso.
0   10   20   30   40   50   60   70

- O espacejamento exagerado entre as linhas piora sem sombra de dúvida a legibilidade, mas pode melhorá-la se bem usado.
- Linhas muito curtas aumentam o número de pausas; linhas muito longas aumentam o número de regressões.
- Linhas justificadas não são mais legíveis do que linhas injustificadas.

Em louvor ao entalhador de tipos. Aldus, que antes dera à língua grega, agora dá aos tipos latinos entalhados pelas mãos artistas de Francesco di Bologna.

Em louvor ao entalhador de tipos. Aldus, que antes dera à língua grega, agora dá aos tipos latinos entalhados pelas mãos artistas de Francesco di Bologna.

- Os títulos colocados vertical ou obliquamente pioram a legibilidade.

- Para lombadas de livros, os títulos dispostos de cima para baixo são mais legíveis do que de baixo para cima. E quando os livros estão posicionados horizontalmente na mesa, a lombada fica de cabeça para cima.

- Letras pretas em papel branco são 10% mais legíveis do que letras brancas em papel preto.

| Em louvor ao entalhador de tipos. Aldus, que antes dera à língua grega, agora dá aos tipos latinos entalhados pelas | Em louvor ao entalhador de tipos. Aldus, que antes dera à língua grega, agora dá aos tipos latinos entalhados pelas |

- Letras um pouco mais pretas não reduzem a legibilidade. São até preferíveis e mais indicadas para crianças ou leitores deficientes.

Legibilidade   **Legibilidade**

- Espacejamento entrelinhas, quando aumentado um pouco acima dos limites mínimos, melhora a legibilidade. Ex.: letras corpo 10, entrelinha corpo 12, ou letras corpo 24, entrelinha corpo 28.
- A finalidade do espacejamento é uma harmonia rítmica ideal para a palavra ou para a linha de texto.

- Espacejamento entre letras é medido pela área total contida entre uma letra e outra, e não em distâncias lineares.

A B X L

- Para se espacejar palavras em caixa-alta, deve-se colocar uma letra I imaginária entre elas. Essa distância poderá variar de acordo com o espacejamento geral imposto às letras.
- Para se espacejar linhas (entrelinhar) de caixa-alta, a distância mínima deverá ser a altura das letras usadas. A máxima fica a critério do bom senso, podendo variar.

PARQU]x
NACIOI]x

- Para se espacejar palavras em caixa-baixa, deve-se tomar o equivalente ao dobro de 1/3 da altura da letra "n", em média. Quando a palavra começar com a letra "o", o espacejamento óptico é o mais adequado.

Velho e novo
Velho e novo

- O limite mínimo para a entrelinha deverá ser o encontro dos limites das descendentes da linha de cima com as ascendentes da linha de baixo.

Garagem
Entrada Principal

- O espaço em branco antes do início de uma linha e depois de um parágrafo (indentação) aumenta a legibilidade do texto em 5% quando é colocado esporadicamente, e a diminui quando é colocado de modo alternado.

- O espacejamento para letras em caixa-alta deve ser mais aberto, ao passo que espacejar demais letras em caixa-baixa é um erro.

VIDA   VIDA   vida   v i d a
Certo   Certo

- A legibilidade das letras não aumenta necessariamente se o tamanho da letra aumentar. As letras são mais bem lidas se houver um espaço branco em volta do texto, destacando-o do fundo.

- Há determinadas fontes que são boas para textos, como Garamond, Times, Univers, ou então boas para títulos, chamadas ou visualização a distância, como Gill Sans, Univers ou Frutiger.

Garamond Gill Sans
Times   Frutiger
Univers   Univers

- Há também fontes preferidas pelas crianças, que, quando um pouco mais pretas, são mais bem aceitas. A fonte Souvenir, de Morris Fuller Benton, redesenho de Ed Benguiat foi escolhida em pesquisa realizada na Inglaterra como a favorita para crianças recém-alfabetizadas na década de 1970.

Souvenir de Morris Fuller Benton

Souvenir de Morris Fuller Benton

> MUITO IMPORTANTE: VÁRIOS PEQUENOS ERROS, QUANDO SOMADOS, PODEM DIMINUIR CONSIDERAVELMENTE A LEGIBILIDADE E O DESEMPENHO DE UM LIVRO.

12. MANCHA GRÁFICA E FORMATO
(Extraída de texto de Jan Tschichold)

Na determinação das dimensões de um livro, há sempre duas constantes: o olho humano e a mão humana, ou seja, o olho normal estará sempre a uma distância constante da página e a mão do homem vai sempre segurar o livro da mesma maneira.

As dimensões de um livro são determinadas pela sua função. Há uma relação entre o livro e o tamanho da mão e do corpo de um adulto. É esperado que haja certo conforto no manuseio de um livro. Um livro muito grande é uma monstruosidade. Livros do tamanho de selos são ridículos. Livros muito pequenos seriam impossíveis de ser manuseados por pessoas idosas. Gigantes achariam nossos jornais e livros muito pequenos, anões os achariam grandes demais. Há dois tipos de livros: aqueles que são colocados sobre uma mesa em que o leitor sentado os lê, e aqueles que são lidos em pé, que devem ser mais portáteis.

Há diversas proporções de livros, ou seja, relações altura/largura. A proporção ideal, segundo regras de harmonia visual dadas pelo tipógrafo Jan Tschichold, é 1:1,618, que, simplificada, dá 5:8 aproximadamente. Outras proporções ditas harmoniosas são: 1 raiz de 2, 1 raiz de 3, 1 para 1,538 , 1 para 2, 1 para 3, 3 para 4, 5 para 8 ou 5 para 9. As diferenças entre essas e outras proporções são muito sutis, mas sutileza e equilíbrio caminham unidos e são quase imperceptíveis a olhos pouco treinados; são quase conceitos subjetivos.

De um formato feio fatalmente resultará um livro feio. Mas é a função do livro que vai determinar as suas proporções; por exemplo, 3:4, formato horizontal, para ser lido sobre uma mesa, é um formato estética e funcionalmente bom. A mesma proporção é inadequada para um livro ser lido de pé, pois as laterais externas do livro caem para os lados. Nesse caso, o livro seria melhor se fosse estreito.

Durante a Idade Média, havia muitos livros com a proporção 1:414. O grande Gutenberg usava 2:3. Durante a Renascença, a proporção 1:414 quase não é encontrada, ao passo que era fácil encontrar os livros estreitos.

Durante o século XIX, houve uma queda estética na aparência dos livros, a mancha era colocada no meio da página e as quatro margens eram iguais. Esse caos tipográfico propiciou a chegada do grafismo moderno dos alemães, suíços e russos no começo do século XX, culminando por fim na Bauhaus.

Quando o formato da página e o formato da mancha forem proporcionais, haverá harmonia. Se a mancha e a página forem inter-relacionadas, os

tamanhos das margens também deverão ser inter-relacionados. Antes da invenção da impressão, os livros eram feitos à mão. Os primeiros impressores usaram livros manuscritos como modelo. Não havia relação entre as medidas para letras, como pontos, cíceros ou paicas. Essas medidas são posteriores às regras dos formatos. Mas isso não quer dizer que nós, ao definir a mancha de um livro, não devamos colocá-la numa medida em paicas. Os livros grossos também deveriam ter margens internas maiores do que as dos livros finos. O ideal é colar duas páginas de papel idêntico ao livro que vai ser feito, dentro de um livro-modelo de proporções iguais ao futuro livro, para verificar o comportamento das margens, o peso do papel, a encadernação, já que um livro é um objeto, e todo objeto a ser fabricado precisa de um protótipo.

Como conclusão, pode-se dizer que mesmo que o tipo escolhido para o livro seja belo e eficiente, se o formato do livro e da mancha não forem bem planejados, todo o projeto poderá fracassar. Na escolha das proporções da mancha gráfica e de uma página, a palavra mais importante é: harmonia.

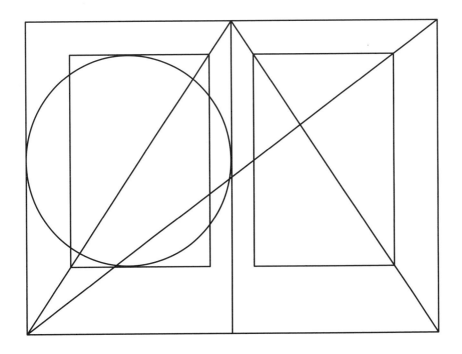

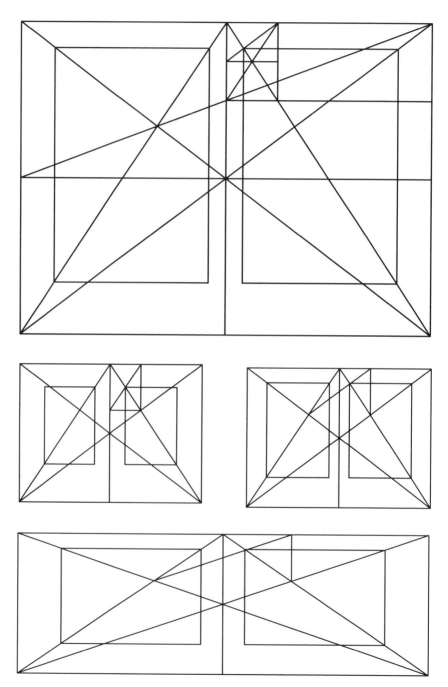

Diagramas para construção de manchas inter-relacionadas.

ÍNDICE DE FONTES

Aknathon 133
Aldus 111
Alladin Expanded Regular 107
Angular 131
Ariston 107
Atrophia 133
Autorama 131
Avant Garde 123
Bacana 131
Bauhaus 125
Benguiat 125
Benguiat Gothic 125
Blendada 128
Blesq Blom 130
Blur 126
Blurdony Wind 133
Boggy 133
Broadway 115
Broadway Engraved 103
Brody Title 130
Brush Script 107
Capitalis Monumentalis 25
Capitalis Romana 24, 36
Cascade Script 124
CBS News 36 139
Centaur 55
Chancelerescos 111
Chiqueiro 128
Civilité 66
Cloister Old Style 55
Colonia Small Caps 129
Cuneiforme dos sumérios 16
Cursiva Romana 25
Dogma 127
Edwardian 125
Eh, uma sobremesa 130
Elisia 103
Embolia Lunar 128
English 107
Escrita cuneiforme 16
Escrita de Micenas 19
Eurostile 122
Eva 130
Feijoada 129
Forma Antiga 136
Forma Nova 136
Forma Transicional 136
Fraktur 28
Franklin Gothic 115
Frutiger 121
Futura Bold 114
Futura Light 114
Futura Vítima 135
Gando Ronde 124
Garamond 63, 71

Garamond Stempel 63
Garamonga 130
Ghentileza 133
Gill Sans 119
Giovana Bold Itálico 129
Golden Type 93
Gótica Bastarda 28
Gótica Francesa (textura) 28
Gótica ou letra preta (black letter) 28
Grecs du Roi 63
Havana 132
Helvetica 120
Heresia Down 133
Hieróglifos 16
Horizontal 120
Inverno 134
ITC Galliard 124
ITC Gema 129
Jenson Old Style 55
Jessen 112
Jibóia 128
Johnston Railway Type 118
Jurubeba 134
Kabel 112
Kelmscott 55
Koch Antiqua 112
Korinna 125
Letra Bastarda 30
Letra Preta Francesa 31
Letra semiformal de Edward 118
Lubalin Graph 123
Mandinga Bold Itálica 132
Massa Falida 128
Mazarim 55
Minúscula Carolíngia 27, 36
Modula Tall 127
Montevideo Redondo Itálico 130
Nadaco 132
Neuland 112
Nimuendaju 131
Noin 132
Nuova Antiqua 117
Nurenberg Fraktur 30
Optima 117
Oscar 122
Palatino 60
Perpetua 119
Piercing Inline 132
Pooh Outline 132
Pravda Black 135
Pro Arte 120
Quadrata 25, 134
Queensland 107
Rivelino 134
Roman du Roi 75
Rotunda Berthelet 31
Rotunda do Sul (Itália) 31
Rotunda Espanhola 31

Rotundas	28
Rústica Romana	23
Sabon	116
Sampa	129
Saskia	116
Schwabacher	30
Serif Gothic	123
Serifa	121
Seu Juca	134
Slogan	122
Souvenir	119
Splash	135
Square Curl	134
Squeraway Serif Normal	129
Stop	122
Stymie	115
Tecnocrata	131
Textura Kacheloten	30
Times New Roman	113
Topic	114
Transito	116
Type Face Five	126
Type Face Two	126
Uncial	26
Univers 55	121
Universal Alphabet Condensado	101
Universal Alphabet	101
W/Deco Cut	135
W/Greco	135
W/Japa	135
Wilhelm Klingspor Schrift	112
Xibiu	128
Zapf Chancery	107
Zapfino	107, 117
Zzz	131

ÍNDICE ONOMÁSTICO

ALBERS, Josef	101
ALCUIN	27, 36
ARRIGHI, Ludovico degli	59
ARRIGHI DA VICENZA, Ludovico degli (Vicentino)	57
AUGEREAU, Antoine	62
AYRES, John	70
BACON, Billy	128
BARTHOLOMAEUS	71
BASKERVILLE, John	74, 77, 78, 79, 81
BASLE	60
BAYER, Herbert	101
BEMBO, Pietro	63
BENGUIAT, Ed	9, 115, 125, 145
BENTON, Linn Boyd	115
BENTON, Morris Fuller	55, 115, 145
BERGEMANN	103
BERNER, Conrad	63
BESSA, José	131
BIDDULPH, Nicholas	6, 9, 13
BLADO, Antonio	58
BODONI, Giambattista	82
BOTTICELLI, Sandro	34
BOWYER, William	77
BRODY, Neville	126
BRUNELESCHI, Filippo	36
BURNE-JONES	93
BURNS, Aaron	125
CAMPOS, Marcos Pires de	8
CAPILÉ, Guilherme	130
CARDINALI, Luciano	133
CAROË, W. H.	119
CARNASE, Tom	123
CARTER, Mathew	124
CASLON, William	54, 77
CAXTON, William	65
CHAPEL, Warren	112
CICERO	61
COCKEREL, Sydney	92
COLINES, Simon de	60
CRANE, Walter	93
DANIEL	70
DARCI, Fábio	8
DE MARCO, Tony	135
DEBERNY & PEIGNOT	114, 121
DENNE, Eduardo	8
DIDOT, François	82
DOESBURG, Theo Von	98
DORFSMAN, Lou	123
DUI, Júlio	132
DÜRER, Albrecht	67, 68
ESTIENNE, Charles, Henri e Robert	56, 63
FANTI, Sigismondo	58
FARIAS, Priscila	134
FELICIANO, Felice	36
FERREIRA, Gustavo	130
FEZANDAT, Michel	60, 61
FLEISHMAN, Johann	72
FONSECA, Rosane	8
FOURNIER	79
FRANCISCO I (Rei)	63
FRANKLIN, Benjamin	81
FROSHAUS, Anthony	9
FRUTIGER, Adrian	121
FUST, Johann	49, 51
GABIANO, Balthasar da	58
GARAMOND, Claude	38, 60, 62, 124, 137, 145

GASKIN, A. J.	93
GERE, C.M.	93
GETHING, Richard	70
GILL, Eric	13, 106, 118, 119, 140
GIUNTA, Fillipo	58
GOETHE	5
GRANDJEAN, Phillipe	74
GRANJON, Jean	61
GRANJON, Robert	13, 61, 66, 124
GRAY, Nicolete	9, 13, 117
GRIFFO, Francesco	56, 63
GRONOWSKY, Tadeusz	103
GUTENBERG, Johannes	49
HAMMER, Victor	112
HILL, Al	9
HUMERY, Conrad	51
JENSON, Nicholas	54, 63
JOHNSTON, Edward	111, 117, 118
KERDEL, Fritz	112
KLIMT, Gustav	94
KOCH, Paul	117
KOCH, Rudolf	112, 117
LAIN, Rafael	134
LEIBOVITCH, Natalia	8
LEITE, Ricardo	8
LICKO, Zuzana	127
LOEWIE, Raymond	125
LOPEZ, Fábio	129
LUIS XIV	74
LUBALIN, Herb	123, 125
LUCAS, Francisco	57
MACHADO, Maria Helena H.	8
MACKMURDO, Arthur	94
MAGNO, Carlos	27, 36
MAGNUS, Carolus	27
MALHEIRO, Aline	8
MANUTIUS, Aldus	13, 55, 57, 59, 63, 71
MANSUR, Silmara	8
MANTEGNA, Andrea	124
MARCOLINI	58
MARTINS, Fernanda	8
MICIC, Ljubonir	97
MIEDINGER, Max	120, 125
MINDLIN, José	8
MOHOLY-NAGY, Laszlo	126
MORISON, Stanley	13, 113, 119
MORRIS, William	92, 93, 112
MOYLLUS, Damianus	36
MUCHA, Alphonse	94
NAPOLEÃO	82, 139
NAUENBERG, Ricardo	8
NETO, Walter Moreira	135
NEUDAMM, Schulz	102
NOGUEIRA, Leandro	132
NOVARESE, Aldo	122
OLIVEIRA, Ricardo	8
OPPENHEIM, Louis	97
PACIOLI, Luca	36, 58
PACKER, Fred	6, 9, 10
PALATINUS, Johannes B. (Palatino)	60
PANNARTZ, Arnold	52, 53, 63
PEIGNOT, Charles	121
PEREIRA, Aldemar d'Abreu	8
PETRARCA	57
PIQUEIRA, Gustavo	131
PLANTIN, Christophe	61, 63
POJUCAN	8
POLICANI, Denis	8
RABAÇA, Carlos Alberto	8
RAY, Man	126
REINHOLD, Van Nostrand	127
RENNER, Paul	114
RESTON, Cláudio	128
ROCHA, Cláudio	129
RODCHENKO, Alexander	97, 126
RONDTHALER, Ed	125
ROSENBERG, August	117
SALMASIUS	71, 73
SCHOEFFER, Peter	49, 51
SCHMIDT, Joos	101
SCHNEIDER, Karin	8
STEINITZ, Kathe	98
SCHWITTERS, Kurt	98
SHIMABUKURO, Marcio	133
SINGRENIUS, Johann	60
SONCINO, Geronimo	57
SPENCER, Herbert	9, 13
STÖKLIN, Niklaus	103
SZPIGIEL, Guilherme	8
SWEINHEIM, Conrad	52, 53, 63
TAGLIENTE	63
TASSO, Torquato	86
THEES, Isabel	8
TORNIELO, Francesco	36, 58
TORY, Geoffroy	34, 56, 63
TRACY, Walter	9
TROT, Barthélemy	58
TSCHICHOLD, Jan	116, 146
UCHATIUS, M.V.	96
VANDERLANS, Rudy	127
VANDIJCK, Cristopher	71
VERGETIOS, Angelos	63
VERINI, Giovani Baptista	36, 58
VIANNA, Bruno	8
VICENTINO	57, 58, 59, 60
VIETOR, Hieronymus	60
VINCI, Leonardo da	34, 35, 67, 119
VISCONTI, Léo	8
VOSKENS, Dirk	71
WALKER, Emery	92
WATTS, John	77
WITTINGHAM, Charles	92
WOLPE, Berthold	112
YATES, Brian	6, 9, 10
ZAPF, Hermann	112, 117
ZDANEVITCH, Ilya	99

REFERÊNCIAS BIBLIOGRÁFICAS

Avi-Yonah, Michael. *Ancient scrolls*. Londres: Cassell, 1973.

Benson, Howard; Carey, Arthur Graham. *The Elements of lettering*. Londres: McGraw-Hill, 1940.

Biggs, John R. *Forms & lettering*. Londres: Blandford Press, 1977.

___. *An approach to type*. Londres: Blandford Press, 1977.

Cavannach, Albert. *Lettering and alphabets*. Nova York: Dover, 1952.

Dürer, Albretch. *Of the just shaping of letters*. Nova York: Dover, 1917.

Gill, Eric. *An essay on typography*. Boston: David R. Godine, 1931.

Gottschall, Edward. *Typographic communications today*. Londres: ITC, 1989.

Goudy, Frederic W. *The alphabet and elements of lettering*. Nova York: Dover, 1918.

Grafton, Carol Belanger. *Historic alphabets and initials: woodcut and ornamental*. Nova York: Dover, 1977.

Gray, Nicolete. *A history of lettering*. Oxford: Phaidon, 1986.

Haab, Armin; Haettenschweiler, Walter. *Lettera 2*. Basle: Arthur Niggli, 1971.

Heller, Steven; Chwast, Seymour. *Graphic styles*. Nova York: Harry N. Abrams, 1988.

Johnson, A. F. *Type Designs*. Londres: Grafton Books, 1934.

Laver, James. *Victorian advertisements*. Londres: John Murray, 1968.

Massin. *La lettre et l'image*. Paris: Gallimard, século XIX.

Morison, Stanley. *A tally of types*. Boston: David R. Godine, 1973.

___. *Letter forms and lettering*. Londres: Hartley & Marks, 1962.

Nesbitt, Alexander. *The history and technique of lettering*. Nova York: Dover, 1950.

Spencer, Herbert. *The visible world*. Londres: Lund Humphries, 1968.

Tory, Geoffroy. *Champ Fleury*. Nova York: Dover, 1927.

Werner, Alfred. *Handbook of Renaissance ornament*. Nova York: Dover, 1969.

Wotzkow, Helm. *The art of handlettering*. Nova York: Dover, 1952.

Este livro foi composto na tipologia Rotis Sans Serif por D2 Design, e impresso pela Coan Indústria Gráfica Ltda., em papel offset *120 g/m², para a Editora Senac Rio, em junho de 2016.*